少林秘传绝技丛书（二）

少林禅功养生法

张建丰　著

人民體育出版社

图书在版编目（CIP）数据

少林禅功养生法 / 张建丰著. -- 北京：人民体育出版社，2020

（少林秘传绝技丛书. 二）

ISBN 978-7-5009-5777-5

Ⅰ. ①少…　Ⅱ. ①张…　Ⅲ. ①少林拳—基本知识 ②少林拳—养生（中医）　Ⅳ. ①G852.15 ②R212

中国版本图书馆CIP数据核字（2020）第052419号

*

人民体育出版社出版发行
北京新华印刷有限公司印刷
新　华　书　店　经　销

*

880×1230　32开本　8.5印张　212千字
2020年 11 月第 1 版　　2020年 11 月第 1 次印刷
印数：1—3,000册

*

ISBN 978-7-5009-5777-5
定价：35.00元

社址：北京市东城区体育馆路 8 号（天坛公园东门）
电话：67151482（发行部）　　邮编：100061
传真：67151483　　邮购：67118491
网址：www.sportspublish.cn
（购买本社图书，如遇有缺损页可与邮购部联系）

参编人员

高　翔　　丁亚丽　　高　飞

郭成敏　　高　绅　　李梦瑶

总　序

2017年1月25日，中共中央办公厅、国务院办公厅印发了《关于实施中华优秀传统文化传承发展工程的意见》（以下简称《意见》），并发出通知，要求各地区各部门结合实际认真贯彻落实，体现了党和政府对中华优秀传统文化的重视。

在国民教育方面，《意见》提出：加强中华优秀传统文化相关学科建设，重视保护和发展具有重要文化价值和传承意义的“绝学”、冷门学科。在保护传承文化遗产方面，《意见》提出：推动民族传统体育项目的整理研究和保护传承。

中华武术有着几千年的发展历史，是中华民族在社会实践中创造的宝贵财富，是中华文化的重要组成部分。少林武术作为中华传统武术的优秀代表，其秘传绝技与武学秘籍一直是武术爱好者竞相学习和研究的对象。目前在国家的重视下，少林武术发展形势良好，但也存在可供学习的少林武术书籍相对较少的问题，因此，需要对少林武术的相关技艺进行整理出版，使中华武术进一步发扬光大。

《少林秘传绝技丛书》应运而生。本系列丛书依据“健康第一”的教育理念和“便于传承与发展”的要求，邀请有关专家参与编写，披露了少林武术的多种秘法绝艺。先期出版的有《少林点穴绝技》《少林擒拿绝技》《少林擒跌绝技》《少林短打绝技》《少林腿法绝技》《少林古传擒拿与点穴》《少林古传技击术》《少林八段锦古传秘功》《少林易筋经古传秘功》等12本。第二辑包含《少林秘传童子功》《少林古传养生法》《少林秘传五禽功》等9本。这套丛书既可作为武术爱好者学习研究的参考用书，也可作为各级各类武术教员的教学用书。

本系列丛书注重图文并茂，避免抽象化和纯理论化，意在提高现代武术爱好者的学习兴趣；立足于理论联系实际，突出学以致用要则；力求简洁明晰，便于阅读，便于练习。当然，不足之处在所难免，欢迎读者批评指正，以利今后进一步充实与完善。

内容提要

1. 少林静禅功，其势为静，以“禅”为指导理念，练习多种调息，要求外静内动，内外兼修，浑元一气。练之可以健肺益气，养心安神，易筋洗髓，补益体能，是不可多得的养生保健功夫。

2. 少林动禅功，其势多动，动作徐缓，“动不离禅”，要求外动内静，由外练内，内外合顺。练之可以提神解乏，补气增力，通经活络，增强体质，是收效快捷的少林养生功。

3. 指禅功，隶属动禅功，如“内劲一指禅”“武功二指禅”“禅掌功”“禅门鹰爪功”“指禅易筋经”“指禅自我点按功”等类，其手法小巧，劲法细腻，多巧劲、内劲。

4. 达摩禅功拳，禅拳合一。以禅运拳，外动内静；动中求静，内修其心；由内及外，外练其身；修心为功，练外为拳。修炼有得，则如入禅境，可镇神养心，活泼血气，强身健体，延年益寿。

目 录

第一章

少林静禅功

所谓“养生禅功”，非指佛教的“禅宗”修炼，也非指单纯的“禅定”修炼，而是指大众普遍传习的“少林禅功”，通俗易懂，方便易学，是一类独特的武术养生功夫。

少林养生禅功，借鉴禅宗要旨，吸取禅修秘诀，使擅长搏杀、注重外动的武术，因融会镇神定意、吐纳贯注等内功心法而增强了保健身心的效用，丰富了武学的内涵，提升了追求的境界。

养生禅功，主要分为两类，一是静禅功，二是动禅功，各有其妙，相得益彰。

静禅功，也叫“镇禅功”，其势为静，主要分站势、坐势、卧势三种。它们皆以“禅”为指导理念，结合多种静势，练习多种调息，要求外静内动，内外兼修，浑元一气。所谓“不动之动，乃生生不已之动”，读者练之，可以健肺益气，养心安神，易筋洗髓，补益体能，是不可多得的养生保健功夫。

一、韦陀捧杵

【练法】

1. 两脚并步，正身直立；双掌垂放体侧，呼吸自然。目视前方。（图1–1）

2. 两脚尖外摆，成八字步；两掌屈肘抱于小腹前，指尖相对，掌心向上；舌舐上腭，意守丹田，静心调息（一呼一吸为一息），次数自定。（图1–2）

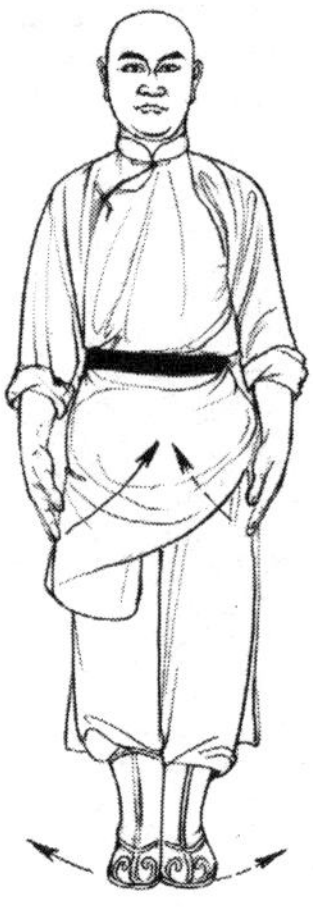

图1–1

图1–2

3. 八字步，正身直立；两掌上收，合掌胸前，两臂成环状，指尖约与鼻尖平。静心调息，次数自定。（图1–3）

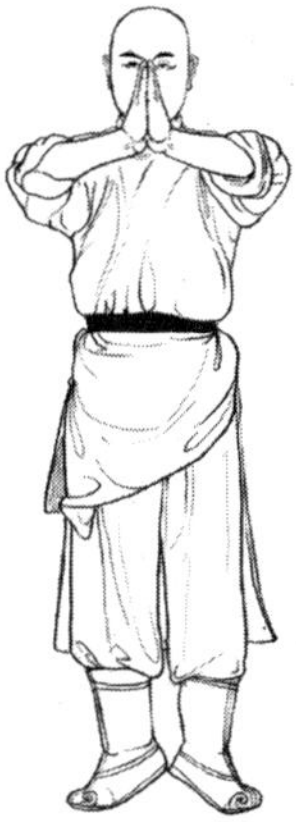

图1-3

图1-3附图

二、罗汉独立

【练法】

1. 接上势，合掌胸前不变；左腿独立，右腿缓缓屈膝提起。摆好姿势后，静心调息，次数自定。（图1-4）

2.换练右脚独立势，静心调息，次数自定。（图1-5）

图1-4

图1-5

三、金刚降龙

【练法】

1. 左弓步站立，上体左转约90°；同时，左掌向左臂侧后方撑出，掌心向后，指尖向下；右掌向右上侧撑出，高与胸平，虎口向下，指尖向前，头左转。姿势摆好后，两掌左右撑紧，开始调息，次数自定。（图1–6）

图1–6

2. 接着，练习右弓步势，静心调息，次数自定。（图1–7）

图1–7

四、金刚伏虎

【练法】

1. 左半马步蹲立；两掌成虎爪，托举于左右侧上方，左爪尖向上，高与头平，左肘稍屈；右爪过头，爪心斜向上。姿势摆好后，静心调息，次数自定。（图1–8）

图1–8

2. 接着，换做右半马势，静心调息，次数自定。（图1–9）

图1–9

五、嵩虎威坐

【练法】

两脚开步，约比肩宽，脚尖外摆成八字；前脚掌拄地，脚跟提起；双掌合于胸前。重心缓缓下沉，双腿屈膝，蹲成马步，臀部尽量下坐。姿势摆好后，静心调息，次数自定。（图1-10）

图1-10

六、坐虎敛爪

【练法】

1. 左半马步蹲立，身体重心尽量落于右腿；两手成虎爪垂于身体左右两侧，爪心向下，虎口均向左前。姿势摆好后，静心调息，次数自定。（图1-11）

图1-11

2. 接着，换做右半马势，静心调息，次数自定。（图1-12）

图1-12

七、嵩龙吞身

【练法】

1. 面向正前方，右腿前弓，左膝略跪，小腿与地面平行，成骑龙步；左爪直臂垂于裆下，爪心向前，虎口向下；右爪护于左肩前，虎口向下，爪尖向前，于胸前屈臂平直。姿势摆好后，静心调息，次数自定。（图1–13）

图1–13

2. 接着，换做左骑龙步势，静心调息，次数自定。（图1–14）

图1–14

八、一苇渡江

图1-15

【练法】

1. 合掌胸前；右脚略横置，左脚前顺，成左丁字步。姿势摆好后，静心调息，次数自定。（图1-15）

图1-16

2. 合掌不变，将两脚换成右丁字步，静心调息，次数自定。（图1-16）

九、神佛指路

【练法】

1. 左插步站立，右膝屈蹲，左膝略跪，上体右转；右臂稍屈，右掌成剑指，高与腰平，虎口向上，指尖向右后侧；左剑指护于右腰侧，掌心向下。姿势摆好后，静心调息，次数自定。（图1–17）

图1–17

图1–18

2. 接着，换做右插步势，静心调息，次数自定。（图1–18）

十、遥望天庭

【练法】

1. 右半马步蹲立；两掌屈臂成托物状，高过头部，两掌心向上，指尖分向左右，仰头上视。姿势摆好后，静心调息，次数自定。（图1–19）

图1–19

图1–20

2. 接着，换练左半马势，静心调息，次数自定。（图1–20）

十一、静坐养神

【练法】

（一）平常坐

坐在凳上，两脚平行分开，与肩同宽，脚底摆平。如凳高于膝，脚可前移；凳低于膝，脚可后移，以感觉脚平舒适为度。两掌自然放在两膝盖上，保持头正、身直，松静自然。（图1–21）

图1–21

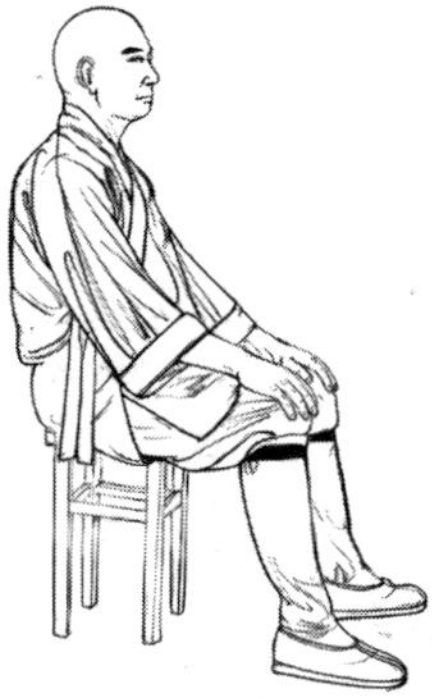

图1–21附图

（二）散盘坐

两腿盘坐，左脚在外，右脚在内；手掐“子午诀”，自然放在两脚之间，手心内合；头正身直，松静自然。（图1–22）

图1–22

子午诀：右手拇指尖与中指尖相对，左手拇指从右手虎口内放在右手无名指根内侧，左手其余四指轻握在右手背上。（图1-23～图1-26）

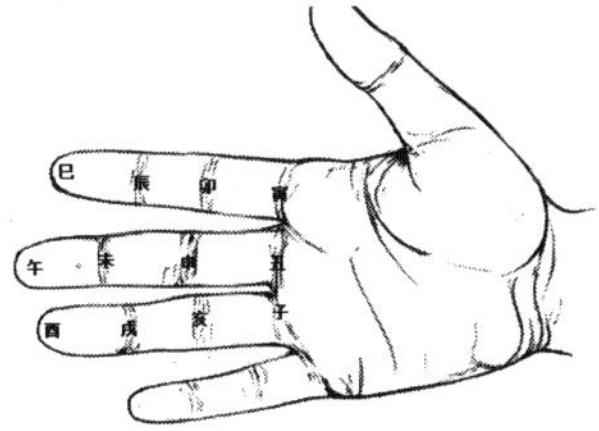

图1-23

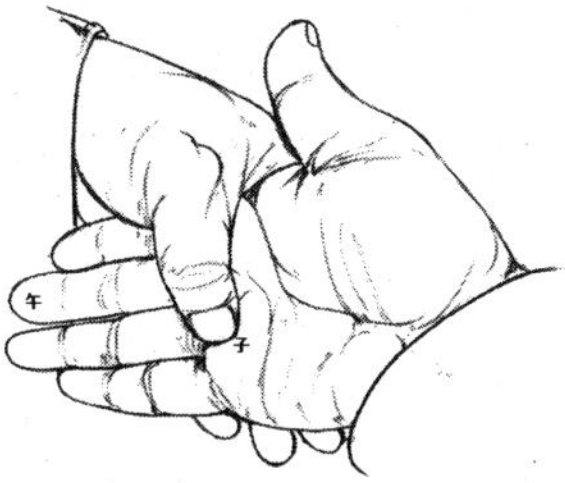

图1-24

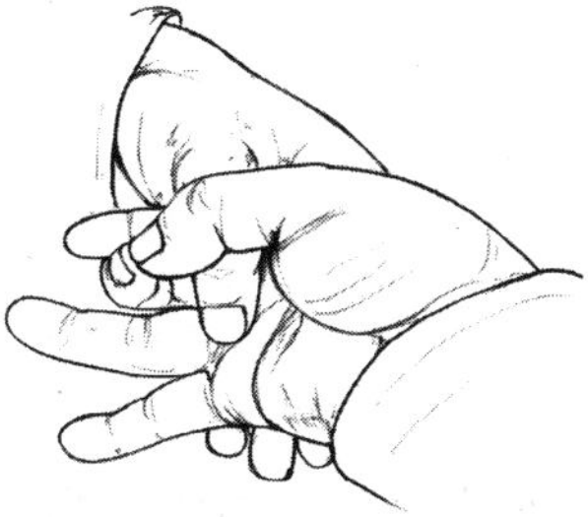

图1-25

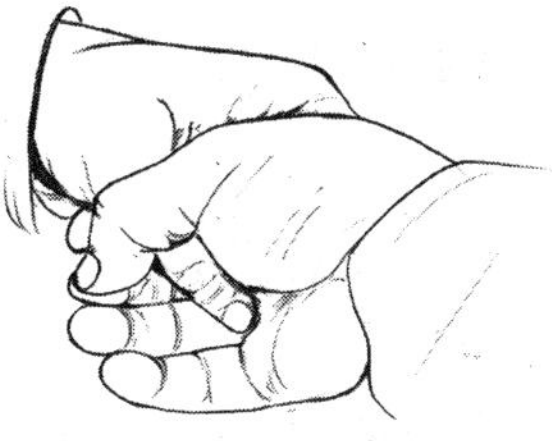

图1-26

（三）单盘坐

先将右脚盘回放在裆部会阴穴处，再将左脚盘回放在右腿上，其他要求与“散盘”相同。（图1-27）

图1-27

【功用】

1. 坐法是静功的主要方法，随时都可练习。它与静立势有相同功效，不过静立顺气较快，静坐安神较易。

2. 盘坐时可在尾闾下垫高约3厘米，则易身直。用哪种盘坐可按自己条件，不要勉强。

3. 子午诀是传统接通阴阳经络之法，无名指根为子，属少阳经；中指为午，属厥阴经。

十二、静卧敛神

【练法】

（一）仰卧势

鼻尖平脐，仰身而卧，两脚相并，脚尖向上；右掌心抱住左掌背，左掌心自然放在小腹上。（图1–28）

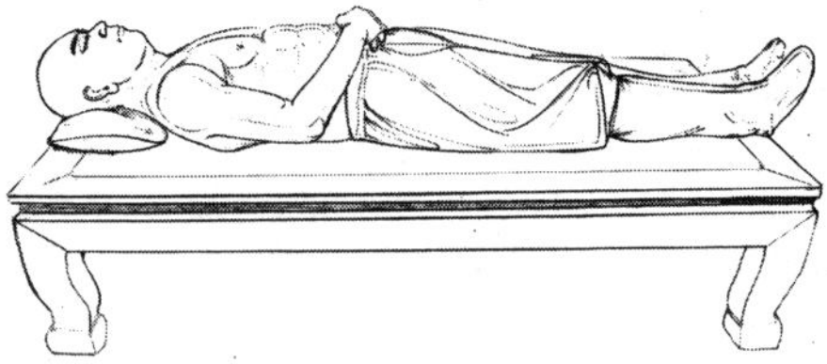

图1–28

（二）侧卧势

以右侧卧为例说明。弓身、拔背、低头、舒颈，鼻尖平脐；左腿屈；右臂屈，右手无名指与小指屈，拇指靠太阳穴，中指靠额；左手放在左大腿上侧。（图1-29）

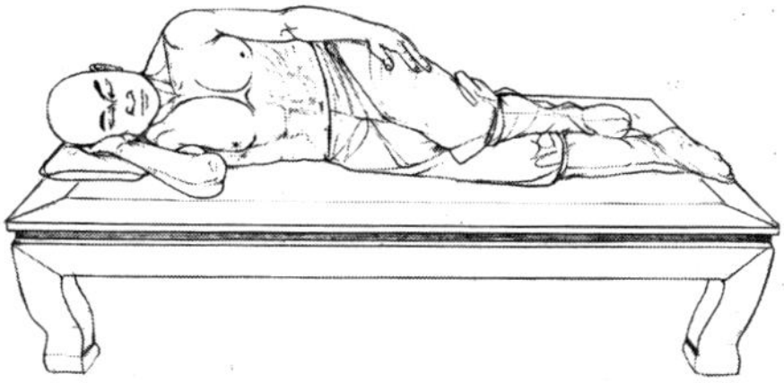

图1-29

【功用】

侧卧左右均可，全身要放松。能在睡眠中保持正确姿势，可使气血运化良好，必能延年益寿。

第二章

动禅功活身运气法

少林动禅功，其势多动，动作徐缓，但立意独特，“动不离禅”，要求外动内静，由外练内，内外合顺。读者练之，可以提神解乏，补气增力，通经活络，增强体质，是收效快捷的少林养生功。

动禅功种类很多，本章仅选几势简便易学的活身功与运气功，以供读者参考。

第一节　活身法

时常活动四肢，以调和气血，强健筋骨。身体为修禅根本，身强体健，精满气足，则修禅有基。

一、甩手

【练法】

1. 两脚开立，与肩同宽，脚尖向前；两臂垂放于体侧，上身中正。（图2-1）

图2-1

2. 两掌沿体侧自然前甩，向里靠拢，合掌胸前。（图2-2）

图2-2

图2-2附图

3. 随之两掌抬起，与头同高，成拜佛状；与此同时，头要自然向前点一下，以碰到合掌之两拇指为宜。（图2-3）

图2-3

图2-3附图

4. 两掌随后自然下垂后甩过体侧，掌心向前，指尖向上；同时头复原位。（图2-4）

按上述动作，反复练习。

图2-4

【要点】

甩手时，两臂尽量向前伸直，然后再回臂提起合掌。

前甩使劲小，后甩使劲大。开始慢一点，然后逐渐加快、加力。

甩劲要匀，身体放松、自然，不要猝然用力过猛，速度亦不宜突然加快。

【功用】

甩手可使手臂神经末梢血流量增加，血流加快，气血可沿着经络运行由表入里循至脏腑，使气血充足，血脉畅通，达到舒筋活血、通经顺络的目的。

二、拱手

图2-5

【练法】

1. 左腿向前迈一步，重心移至右腿上，成左虚步；两掌同时从体侧向前平行伸出，高与肩平，掌心向下。（图2-5）

图2-6

2. 然后，两手握拳，屈肘收至胸侧，拳眼向上。（图2-6）

3. 接着，两拳平行伸出，随即松拳，两掌垂放体侧；左脚退回并步。（图2-7）

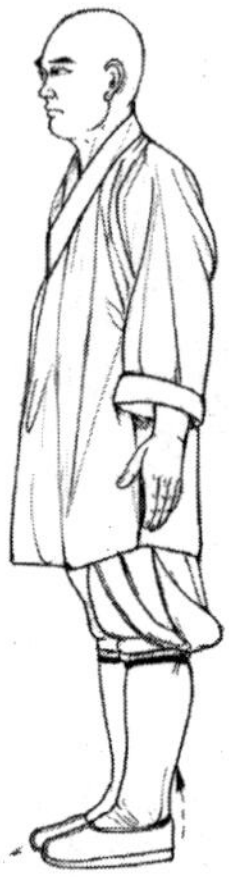

图2-7

再出右腿，伸两臂。左右腿交替进行，方法同前，反复练习。

【要点】

出腿、伸掌、握拳、伸拳、松拳、收步，连贯自然，不要停顿间断。

【功用】

可防治臂痛、肩痛、胁肋痛等症。

三、亮翅

【练法】

1. 左脚脚面绷直，脚尖着地，脚跟提起，身体重心移至右腿。（图2-8）

图2-8

图2-9

2. 左臂从体侧向前伸出提起，随即回臂握拳，高与眉齐，前臂竖直，拳面向上，双目直视拳心，右臂同时举起，微屈，握拳至头顶。（图2-9）

再起右脚。两臂交替进行，方法同前，反复练习。

【要点】

动作连贯，不可间断。一步一步，要有节奏。

【功用】

与拱手法相同。

四、压穴

【练法】

1. 右腿直立；抬起左腿，与上体成直角，把脚跟搭放在一物体上，脚尖向上。（图2–10）

图2–10

2. 用左肘尖压在左大腿前部伏兔穴上。（图2–11）

图2–11

3. 右手握拳，拳背压在右腰眼上。心里默数呼吸，坚持一会。（图2–12）

左腿直立，右腿抬起，两手换势，交替进行。

图2–12

【功用】

压伏兔穴，可理疗下肢瘫痪、麻木，腰、胸疼痛等症。

压腰眼，可养肾壮腰。

五、独立

【练法】

1. 左腿直立；右腿屈膝提起，脚尖稍用力向下，脚面绷直。（图2–13）

图2–13

2. 两掌提至胸前，斜掌交叉，掌心向里，指尖斜向上，如金鸡独立，挺拔稳健。（图2-14）

图2-14

然后，右腿直立，左腿屈膝提起，两掌姿势同前，交替反复练习。

【要点】

动作连续，向前移动。起落有序，自然有力。单腿独立，上体要稳，不得摇晃。

【功用】

手腿法中几种具体操作方法、作用基本相同。

六、摇臂

【练法】

1. 左腿在前，右腿在后，自然站立，重心稍向后移，上体正直。（图2-15）

图2-15

图2-16

2. 右掌心向外，翻掌贴腰；左掌按于左小腹。（图2-16）

3. 右手握拳，右臂从体侧由前向后做大摇环动作，身体可随之向摇动方向自然倾斜；左掌后翻贴腰。（图2–17）

然后摇左臂，出右脚，两臂交替摇动，方法相同。

图2–17

【要点】

开始时少摇，次数逐渐增多，以身体不过疲、运动量适度为宜。摇时自然用力，切勿过快、过猛。

【功用】

可理疗肩疾、臂痛，畅通气血，舒筋活络。

七、摇膝

图2-18

【练法】

1. 两腿并拢，微屈，两脚成外八字；腰背正直，两拳松握，用拳背贴于腰部肾俞穴，两肩放松。（图2-18）

2. 两膝先由左向右摇，再由右向左摇。（图2-19）

图2-19

图2-19附图

初学者可先用两手扶住膝盖，慢慢摇，还可将双手扶住桌子摇。

【要点】

摇劲要匀，不要过快、过猛。开始可慢点，逐渐加快。

【功用】

摇膝可使气血畅通，关节灵活，腿脚有力。

第二节　运气法

一、养气无极

【练法】

两脚并步，正身直立；两掌下垂，沉肩坠肘；意守小腹（丹田），呼吸自然。（图2–20）

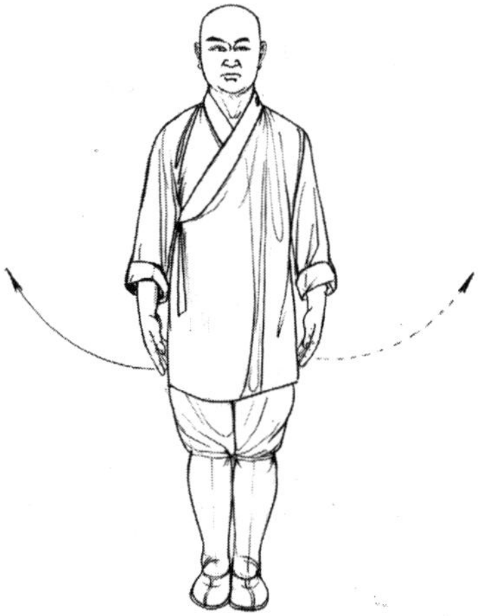

图2–20

【功用】

此势又名无极势，要做到意静、体松，形神合一，气运自然。

二、调经顺气

【练法】

1. 在静立的基础上，两掌徐徐上起，分展左右，至与胯平，掌心向前，大拇指斜向上。（图2–21）

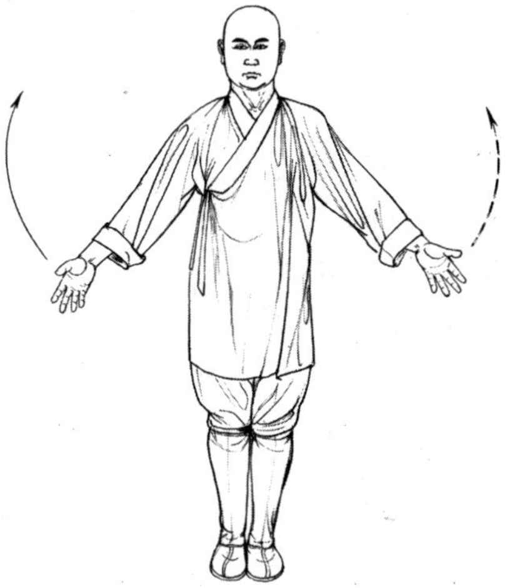

图2–21

2. 两掌继续上展，至一字平肩，指尖向外，掌心向下。（图2–22）

图2–22

3. 动作不停，两掌内合，两臂成半弧，指尖相对，高与额平，掌心向前。（图2–23）

图2–23

4. 两肘外撑，两掌外旋上提，略过头顶。（图2–24）

图2–24

5. 两掌相合于头顶，指尖相对。随即，掌心向下，按于胸前。（图2–25）

图2–25

6. 两掌经胸前徐徐下按至小腹。（图2–26）

图2–26

7. 动作不停，两掌左右分开，垂放于体侧。（图2–27）

按上述动作，重复练习几遍。

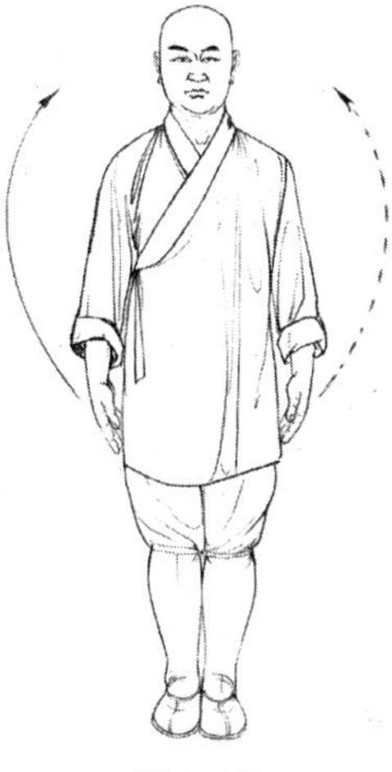

图2–27

【功用】

此势可升清阳，降浊阴，收心定意，调经顺气。

动作与呼吸均要松、静、慢、匀，次数自定。

三、开合运气

【练法】

1. 承接上势。左脚横开一步，两脚平行，与肩同宽；两掌徐徐向前、向上撑抱而起，至与肩平，腕、指放松，两臂略屈。（图2–28）

图2–28

2. 微屈膝沉身；松肩坠肘，两掌挺腕立起，指尖向上，掌心相对，相距约30厘米，两臂各成半弧形。（图2-29）

图2-29

3. 注意体松意静，掌心微有麻、胀或热感时，两掌缓缓内合，似有阻力之感。合至两掌心相距约10厘米时停住。（图2-30）

图2-30

4. 再缓缓外拉，两掌似有吸力之感，开至比肩稍宽。（图2-31）

如此反复练习几分钟，气感会逐渐增强。

图2-31

图2-31附图

5. 两掌回按胸前，指尖相对，掌心向下。（图2-32）

图2-32

6. 舒身上起，两掌下按小腹前；两脚跟收拢相并，脚尖外分，归静立势。（图2–33）

图2–33

【功用】

此势运气法能使气内外相合，增强内劲。

四、拜佛桩功

【练法】

1. 左脚横开一步，两脚平行，与肩同宽，屈膝沉身；两掌合于胸前，肩放松，臂外撑，意守小腹，松静自然。（图2–34）

图2–34

2. 舒身上起，两掌下按小腹前，归静立势。（图2-35）

反复练习。

【功用】

此势能开胸顺气，增强经气循行，对心脏病、肺病、肝病、胸闷气胀等症有良好理疗作用。

图2-35

五、旋转起落

【练法】

1. 两脚平行，与肩同宽；两掌向前伸出，高与肩平，掌心向下，指尖向前。（图2-36）

图2-36

2. 屈膝坐身，右脚内扣，左脚尖外摆，胯向左转约90° ；同时，右掌小指内拧上起至面前，拇指外撇，小指对鼻尖，臂成半圆形；左掌小指内拧下落，经腹部小指外拧向后至腰部，掌心向外，拇指内扣。（图2-37）

图2-37

3. 左脚内扣落实，膝向右转约90° ，右脚尖外摆；同时，左掌翻转上起与额平，指尖向上；右掌下落至左腋前。（图2-38）

图2-38

4. 接着，左手小指内拧上起至面前，小指对鼻尖，臂成半弧形；右掌下落经腹部过右胁，向后至腰部，掌心向外，拇指内扣；屈膝坐身。（图2-39）

图2-39

右脚内扣，再向左转反向练之，练法与前相同。

5. 两掌回至小腹前，指尖相对，掌心向下；两脚跟并拢，舒身上起，脚尖外分，归静立势。（图2-40）

图2-40

【功用】

此势锻炼四肢关节，能舒筋松肌，活血化瘀，对四肢麻木、关节炎等症有良好理疗效果，可重复多练。

六、进退开合

【练法】

1. 承接上势。左脚向前稍移；两掌向左右前斜方徐徐上起，至与肩平，掌心向下，随即经胸前翻转下落至小腹前，左掌心放在右掌心上。（图2-41）

图2-41

2. 左脚向前一步，重心前移，成左弓步；同时，两掌分于体侧，指尖向后。（图2–42）

图2–42

3. 两掌翻转，向前伸出，掌心相对，高与肩平，松肩坠肘，右膝微屈。（图2–43）

图2–43

4. 左脚退后一步，收于右脚内侧，并步立身；同时，两掌内收于胸，下按至小腹前，分落体侧，归于静立势。（图2–44）

上为左势。换练右势。

图2–44

【功用】

此势有合阴、升阳两种练法，上面介绍的是“合阴法”。掌心相对叫合阴，可保健脏腑；掌背相对叫升阳，能强筋壮骨。练者可选择一种，或两种都练，有病者反复多练。

七、托天升阳

【练法】

1. 接上势。左脚横开一步，两脚平行，与肩同宽，两膝微屈；两掌合拢于小腹前，指尖相对，掌心向上。（图2–45、图2–46）

图2–45

图2–46

2. 缓缓沉身；两掌上托至胸前。（图2-47）

图2-47

3. 两肘内合相靠，两掌外翻上托，高与喉平，掌心斜向上。（图2-48）

图2-48

4. 两掌向外、向内旋，腕与肘外撑分开、上起，至两掌过顶，指尖相对，掌心向上，肱圆、松肩、坠肘；略屈膝沉身。（图2-49）

图2-49

5. 稍停，徐徐舒身上起；两掌左右分开下落，至与肩平，掌心向下，掌尖向外。（图2-50）

图2-50

6. 不停，继续舒身；两掌下落合拢至小腹前，指尖相对，掌心向上。（图2-51）

可重复练习。

图2-51

7. 两掌上提至胸前。（图2-52）

图2-52

8. 两掌翻转，掌心向下，缓缓下按至小腹前。（图2–53）

图2–53

9. 分落体侧，归静立势。（图2–54）

图2–54

【功用】

此法能升元阳之气，经常练之，对低血压、内脏下垂、上虚下实等症有理疗良效。

八、覆地补阴

图2–55

【练法】

1. 承接上势。两掌合拢至小腹前，指尖相对，掌心向上。（图2–55）

图2–56

2. 缓缓沉身；两掌向左右分开，翻转上起，至与肩平，掌心向上，指尖向外。（图2–56）

3. 不停，两掌向内合抱，经面前下插，至胸部两掌背相靠，提腕垂指，肘向前顶；略屈膝沉身。（图2-57）

图2-57

4. 两掌下落，至小腹前稍分开，掌心含空，指尖向下。（图2-58）

稍停，再重复练习。

图2-58

5. 左脚向右脚内侧收拢并步；两掌下落，垂于体侧，归静立势。（图2–59）

图2–59

【功用】

此势能使气下沉，可降火补阴，经常练之，可理疗下虚上实之症，对高血压、头痛、头胀、心烦、胸闷等皆有良效。

第三章

指禅功推拿按摩法

指禅功，隶属动禅功，如“内劲一指禅”“武功二指禅”“禅掌功”“禅门鹰爪功”“指禅易筋经”等类。

也有把指禅功叫成“小禅功”或“巧禅功”等，主要指其手法小巧，劲法细腻，多巧劲、内劲，练者要在使用时多加体悟。

本章所述为指禅功按摩一派，专讲其养生保健功法。通过练习手功，自我推拿按摩，以通经活络，流通血气，舒筋柔肌，除滞化瘀，减疼去痛，提神解乏，保健理疗，是非常传统的一种养生武禅功。

一、保健法

此法可坐着练习，也可站着练习，不拘泥下盘姿势，习者自便。

（一）推头维上星

【练法】

用两手掌根部按两头维穴，经神庭、印堂、攒竹、鱼腰、丝竹空，一直推到太阳穴。（图3-1）

双手同时进行，推十几次。

图3-1

【要点】

推劲要匀，动作稍缓，自然用力。

【功用】

头维穴走胃经，可防治各种眼病、偏头痛、面部神经麻痹等症，使人头脑清晰。

（二）推百会风池

【练法】

1. 用双手顺着头维穴和上星穴沿着督脉上推，推到百会穴和头顶直达两风池穴和颈部。（图3-2、图3-3）

图3-2

图3-3

2. 再顺着颈部沿任脉路线推到天突穴。（图3-4）

反复十几次。

图3-4

【要点】

推劲要匀，自然用力，两手同时进行。

【功用】

头维和上星两穴属膀胱经，可使头脑清楚，气血两盛，任督二脉气血畅通。

（三）推两眉棱骨

【练法】

两掌十指自然伸开，用拇指背从攒竹穴开始外推，经鱼腰推到丝竹空。（图3–5）

反复推十几次。

图3–5

【要点】

推劲要自然用力，柔和缓慢。两手握拳，用拇指背擦也可以。

【功用】

眉棱骨三个穴位属三焦经络，可防治面部神经麻痹、偏头痛和多种眼病。

（四）推头部

【练法】

1. 两掌搓热，从两下颌开始上推，先从两牙关推起，经颧髎推到上星直达百会。（图3–6）

2. 再由百会推到后顶，沿强间、脑户、风池穴推到发际。（图3–7）

图3–6

图3–7

3. 再由风池沿原行路线返回百会，推到前顶直达上星。

如此反复十几次。

【要点】

按着穴位推，推劲要自然，用力均匀、柔和、缓慢。

【功用】

推头部走督脉经，畅通头部经络，使头部气血两盛，有利大脑健康。

（五）推年寿

【练法】

以两手拇指自年寿穴向两鼻翼分推，称为推年寿。

用两手大拇指背附在鼻两旁，从睛明穴开始下推，一直推到两迎香穴。（图3–8）

推几十次。

图3–8

【要点】

两手同时推，推劲要缓慢、均匀，自然柔和。

【功用】

年寿穴走膀胱经，可防治结膜炎等多种眼病，还可祛风邪、退肺热、清心火，使人不喘不咳。

（六）推胸腹

【练法】

1. 先用右掌推左侧，从中府开始往下斜推，经云门、乳中、乳根穴推到腹部中脘穴。（图3-9）

2. 从左侧腰肋往下推，一直推到臀部环跳穴。（图3-10）

两掌交替进行，推法相同，反复推几十次。

图3-9

图3-10

【要点】

推时两掌同时进行，推劲要匀，自然用力。因左侧经脉向右、右侧经脉向左，所以，推时要斜推。

【功用】

推胸腹部，即是推五脏和六腑，可增强五脏和六腑的功能，强心暖胸，化郁解闷，生津化痰，使人气血两盛。

（七）推两腿

【练法】

1. 取坐位，两腿伸直。（图3–11）

2. 用右掌推右腿，用左掌推左腿。推时，先从前侧髀关节开始推，通过伏兔穴，再经阴市穴、梁丘穴直到三里穴，最后推到承山穴为一次。（图3–12）

图3–11

图3–12

3. 再由承山穴往回推，经委中、殷门到承扶穴。

如此反复几十次。

【要点】

全身放松，两腿自然伸出，推劲柔和，用力均匀。

【功用】

放松腿部肌肉，除酸解痛，消除疲劳，使腿部灵活，增强步行能力。

二、回春法

身体端坐，全身放松，两腿自然盘屈，舌舐上腭，思想集中，排除杂念，意守丹田。

（一）搓

搓手背外劳宫穴

【练法】

先将两掌擦热，然后用右掌劳宫搓左掌背外劳宫。（图3-13）

图3-13

再用左掌内劳宫搓右掌背外劳宫。

往返搓，各搓近百次。

【要点】

搓外劳宫穴必须搓到产生“打嗝”的现象为止，称之为打开

“气机”。只有打开“气机”，才有防治疾病的作用。

搓时自然用力，搓劲均匀缓慢。

【功用】

能祛寒、祛火、祛外感里热。

搓两胳膊

【练法】

（1）左胳膊伸直，左掌心向上。用右掌内劳宫沿着左胳膊三阴经脉循行的路线搓，先由内关穴开始上搓，一直搓到曲池穴。（图3-14）

（2）然后左手翻掌，掌心向下。右手掌随之沿左胳膊三阳经脉循行路线再往下搓，先由天井穴开始搓，一直搓到外关穴。（图3-15）

图3-14

图3-15

一上一下为一次，搓几十次。

再用左手内劳宫沿右胳膊三阴、三阳经穴位搓，两臂交替进行，方法相同。

【要点】

搓时，里、外翻掌，动作要连续进行，速度不要太快，搓劲均匀，自然柔和。

【功用】

舒经活络，气血畅通，防治肘关节疾病、肠胃病、颈淋巴结核。

搓两肾俞穴

【练法】

两手握拳，用大拇指背上下搓两肾俞穴。（图3–16）

反复搓几十次。

图3–16

【要点】

搓时可稍用力，速度缓慢均匀。

【功用】

肾是人体的重要脏器，肾经气血旺盛，可增强肾脏机能；疏通带脉气血，可防治腰酸，腿浮肿、无力。

掐揉环跳穴

【练法】

左手中、食指用力，掐揉左臂侧环跳穴。（图3–17）

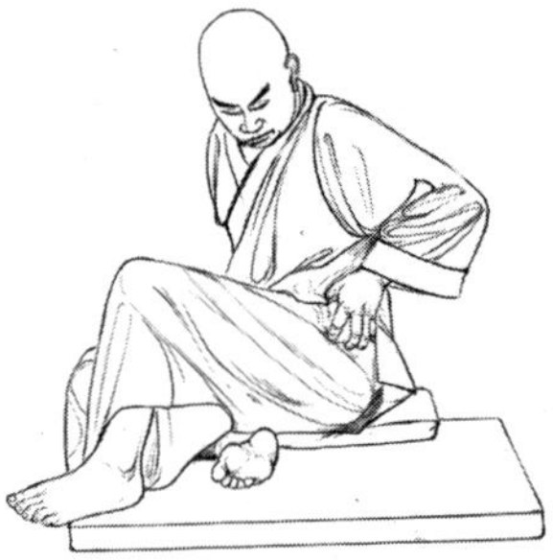

图3–17

右手掐揉右侧环跳穴。

各几十次。

【要点】

掐揉要有力，使环跳穴有麻胀感。

【功用】

疏通下肢经络，预防坐骨神经痛等。

搓涌泉太冲穴

【练法】

取坐位，两腿微屈，两脚底相对，两手十指并拢，成立掌。用左手小指立面搓左脚背太冲穴，用右手小指里立面搓左脚心涌泉穴。（图3–18）

图3–18

然后，再搓右脚涌泉穴和太冲穴。

两脚交替进行，方法相同，搓近百次。

【要点】

两手同时搓两个穴位，搓劲要均匀，自然用力。

【功用】

涌泉穴通躯干，全身气血通涌泉，涌泉气血畅通即顺两腿阴经脉上行，沿督脉上升经尾椎、脊椎到头部，可安心宁神，舒肝明目。

（二）揉法

揉两太阳穴

【练法】

用两手掌根部分别附按在两太阳穴上，一齐由里向外揉，揉几十次。（图3–19）

图3–19

【要点】

揉劲要自然用力，柔和缓慢。

【功用】

可放散血热，发动气血，不受风寒侵袭，使头脑气血畅通，少得脑病。

揉两风池穴

【练法】

两手各四指并拢，用指腹按着两风池穴，两手一齐由里向外揉，揉几十次。（图3–20）

图3–20

【要点】

揉劲要自然用力、柔和均匀。可用四指腹揉，亦可用两指腹揉。

【功用】

风池穴走胆经，可祛风散寒，不受外感。

揉两膝眼穴

【练法】

（1）用左手掌按左膝盖，由左向右揉；用右手掌按右膝盖，由右向左揉。两手同时进行，揉几十次。（图3–21）

（2）再用右手拇指面按右腿膝眼穴，用左手拇指面按左腿膝眼穴，一齐由里向外揉，揉几十次。（图3–22）

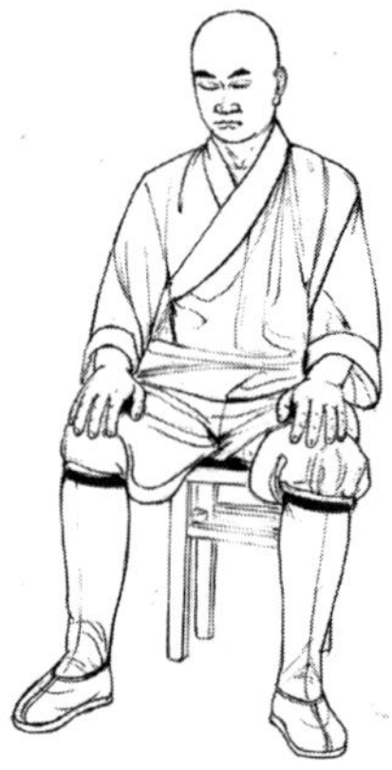

图3–21

图3–22

【要点】

先揉膝盖，后揉膝眼，两手揉劲均匀有力。

【功用】

可使膝关节灵活，少患腿病，增强行走能力。

（三）提法

提印堂。

【练法】

用拇指和食指两指腹，捏住印堂外提，然后松开。（图3–23）

捏、提、松，如此反复近百次。

图3–23

【要点】

捏时不要用力，轻松、自然、柔和、均匀。

【功用】

提印堂通经外奇穴，可防治头痛、目眩、高血压等症。

（四）鸣天鼓

【练法】

用两手掌心将两耳轮从后往前按，堵住两耳孔，两手十指自然扶于脑后，中指附按玉枕穴，食指搭在中指面上。随即，用食指指面点击中指所按的玉枕穴，点击时耳孔发出咚咚作响的声音，如鸣天鼓一般，弹击十几次。（图3-24）

图3-24

【要点】

将两耳孔掩实，点击时要短促有力，富有弹性。

【功用】

玉枕穴通膀胱经，可预防耳疾，使头脑清醒，耳聪目明。

（五）按法

按两耳朵。

【练法】

用两手掌心掩护住两耳孔，而后骤然离开，如此一按一放，反复近百次。（图3-25）

图3-25

【要点】

将耳孔掩实，离开耳孔时动作要迅速，使耳孔发生咚咚的响声。

【功用】

同鸣天鼓。

（六）攒法

攒两耳孔。

【练法】

用两手食指尖堵住两耳孔，由前向后攒一圈，再由后向前攒一圈，一前一后为一次，攒十几次。（图3–26）

图3–26

【要点】

攒时一反一正为一次，指端要将耳孔堵实。攒劲要柔和、自然用力、速度均匀。

【功用】

攒耳孔通肾经，使肾阳充足，肾水旺盛，可防治耳聋，不得耳疾。

（七）旋法

旋眼睛。

【练法】

两眼自然张开，两眼球先由左向右旋转，再由右向左旋转，头可随眼球的旋转而自然摇动。（图3–27）

图3–27

每旋转三遍为一次。每练习一次，停一下，眼睛向前看，然后再接着旋转。如此反复几十次。

【要点】

眼球转动时，要自然用力，速度要均匀，不要太快。

【功用】

可防治弱视、近视、视力减退等眼疾。

（八）叩法

【练法】

唇轻闭，牙齿上下叩动，舌头随之在口里由左向右绕环搅

动，搅动9下为一次，搅动几十次。（图3–28、图3–29）

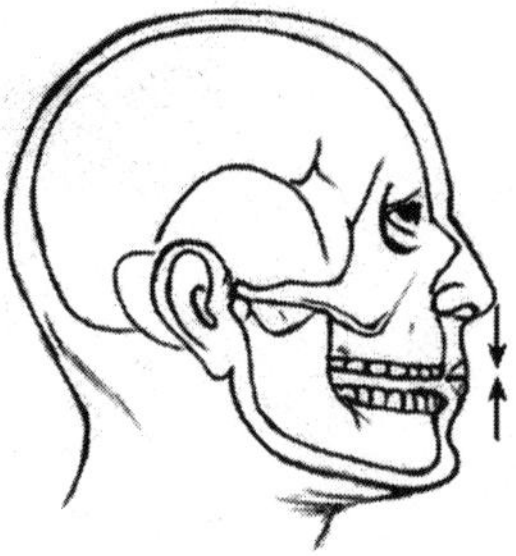

图3–28

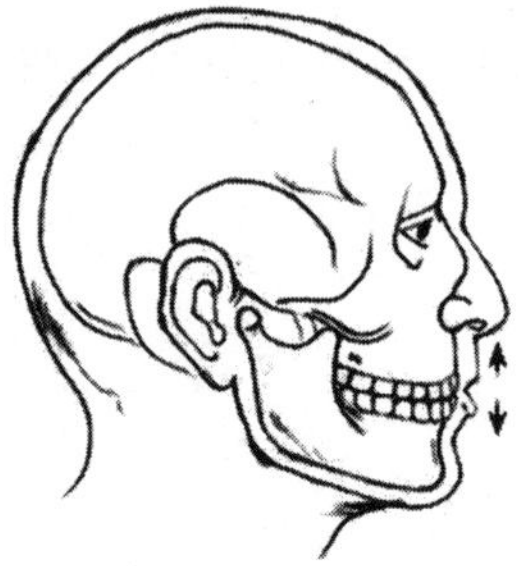

图3–29

【要点】

舌头的搅动速度，要和牙齿上下叩击的速度一致。速度要均匀、自然。

【功用】

叩齿可以加强牙周血液循环，调节血压，使牙齿坚固、结实、耐久。

舌搅法可使口内产生津液，送至丹田，可安神宁心。

（九）抖法

【练法】

用右掌心附在左掌背上，托住小腹上下抖动近百次。（图3–30）

图3–30

【要点】

抖时两掌重叠，加强力量。动作要柔和缓慢，自然有力。

【功用】

可促进脏腑血液循环，强健脾胃，化瘀散滞。

三、延寿法

揉百会

【练法】

百会穴在头顶中央旋毛中。

用左手揉囟门，由左向右揉；用右手揉百会穴，由右向左

揉。两手同时进行，次数自行把握。（图3–31）

图3–31

【要点】

两掌自然用力，轻松附按，徐缓、柔和。

【功用】

百会穴联系大小脑，头为一身之主宰，诸阳所会，百脉所宗，百会贯全身。揉百会，可开窍醒脑，发动全身气血，养身祛病。

揉耳门

【练法】

耳门穴在耳前的小耳上端的凹陷处。

用两掌根部按住耳门，十指向脑后成抱头状。双手同时由后向前揉。（图3–32）

图3-32

【要点】

自然轻松，缓慢均匀。

【功用】

耳门穴通肾经，既可使耳聪目明，亦可补肾养肾。

揉瞳子髎

【练法】

瞳子髎在眼眶骨外侧，小眼角外端。

用双手掌根部按穴，由里向外同时揉。（图3-33）

图3-33

【要点】

自然用力，柔和均匀。

【功用】

瞳子髎通肝经，能祛风寒，化肝郁气滞，防治肝炎。肝经联系心肺和脾胃，又可调其气血和疏通经络，长期练此法可使眼目明亮，精气充足。

揉睛明

【练法】

睛明穴在大眼角外，目内眦角上方。

用两手食指或中指面，左手揉左睛明穴，右手揉右睛明穴，两手同时进行，由里向外揉。（图3–34）

图3–34

【要点】

揉劲要均匀柔和，自然用力。

【功用】

目通肝经，是五脏六腑之精气所藏，全身的精气神皆体现在两目之上。揉睛明穴可防治多种眼病，使眼睛明亮。

揉年寿天柱

【练法】

年寿穴位于山根下二分。

用左手揉年寿穴，由左向右揉；再用右手揉天柱穴，由右向左揉。（图3–35）

图3–35

【要点】

揉劲轻松自然，柔和均匀。

【功用】

年寿穴是人的门户，能清肺、健脾胃，可防治肺部疾病的发生，不喘咳，不生痰。

揉人中天柱

【练法】

人中在鼻下唇上水沟中间。

用左手食指背揉人中穴，由左向右揉；用右手中指指腹揉天柱穴，由右向左揉，两手同时进行。（图3-36）

图3-36

【要点】

自然用力，轻松柔和。

【功用】

可防治急性休克、中暑、癫痫等病。

揉牙关

【练法】

于耳下一寸，下颌角凹陷处取穴。

用两掌按住牙关，由后向前揉。（图3-37）

图3-37

【要点】

两手同时进行，揉劲均匀，自然用力。

【功用】

可防治多种牙病。

揉膻中

【练法】

在前胸两乳头中间取穴。

用右掌由右向左揉，再从左向右揉。（图3-38）

图3-38

【要点】

用右手揉亦可，只要揉到穴位上即可达到目的。揉劲自然用力，轻松柔和。

【功用】

膻中穴为气之海，横气、浊气、气结皆由此产生，揉膻中可防止其气产生。可使心生血、肝存血、脾统血，达到全身气血充足、体质健壮之目的。

揉腰部肾俞

【练法】

两掌后按腰部，反复揉摩。（图3–39）

图3–39

【要点】

稍加用力，速度缓慢。

【功用】

肾为先天之根本，腰肾为阴阳之源，五脏六腑精气之所藏。腰肾亏损精气失，会导致气血双亏，体质虚弱。揉肾俞，可防治腰部软组织损伤、神经衰弱、肾部疾病等。

揉肾俞小腹

【练法】

用左手揉肾俞，由右向左揉；用右手揉小腹，由左向右揉。双手同时进行。（图3-40、图3-41）

图3-40

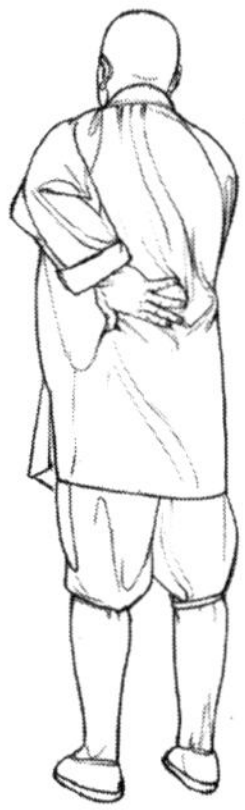

图3-41

【要点】

两手在两个部位同时揉。力量要均匀，自然柔和。

【功用】

肾为先天之根本，脾为后天之基础。

揉肾囊肾水盛，以精养精，气血畅通。

揉小腹，能祛寒，可理疗下焦气热、小便气臭、腹部膨闷胀痛，以及结津实热、食积火盛、二便不通等症。

揉环跳

【练法】

在大腿骨上端外侧肌肉丰厚最高处取穴。

以大拇指或两掌心或空心拳按揉两环跳穴，由外向里揉。（图3–42）

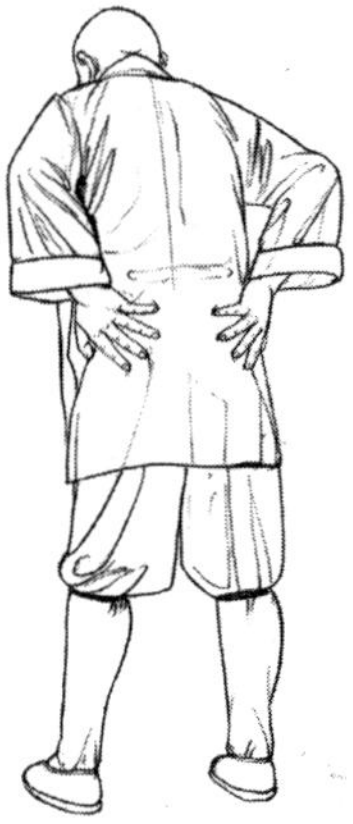

图3–42

【要点】

可将两手握成圆孔形，让拳孔对着环跳穴。自然用力、柔和缓慢。

【功用】

可使髋关节灵活，气血畅通，增强腿部力量，提高行走能力。

揉血海

【练法】

在膝上内侧肌肉突起处中点取穴。

用左手掌揉左腿血海穴，用右手掌揉右腿血海穴，由里向外揉。（图3–43）

图3–43

【要点】

两手同时进行，均匀用力。

【功用】

生气养血，周流全身，气血畅通。

揉承山

【练法】

在小腿中间前后对称处取穴。

用左掌揉左腿承山穴，用右掌揉右腿承山穴，同时由外向里揉。（图3-44）

图3-44

【要点】

双手同时进行，揉劲要匀，自然用力。

【功用】

能调动气血，通其血脉，舒筋活络，可防治坐骨神经痛、足底痛、下肢瘫痪等症。

揉膝眼

【练法】

在两膝盖骨下凹陷处取穴。

用左掌根揉左腿膝眼穴，用右掌根揉右腿膝眼穴，同时由外向里揉。（图3–45）

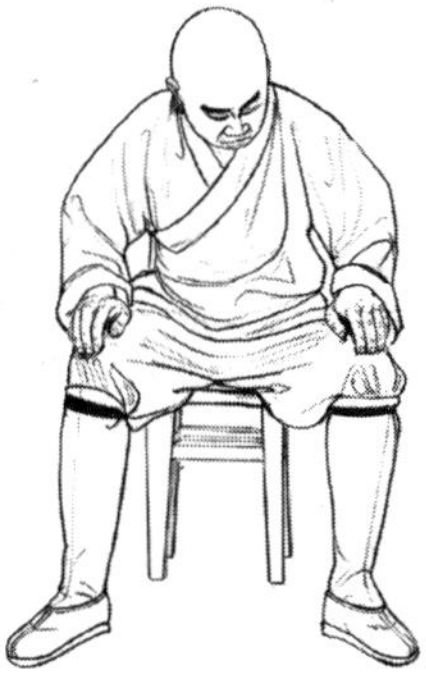

图3–45

【要点】

用大拇指腹揉亦可，两手同时进行，可稍加用力。

【功用】

能防治惊风抽搐、下肢无力，促进关节灵活。

揉涌泉

【练法】

在足心凹陷处中央取穴。

用左手拿住左脚，以右手大拇指面揉左脚涌泉穴。两手、两脚替换进行。（图3–46）

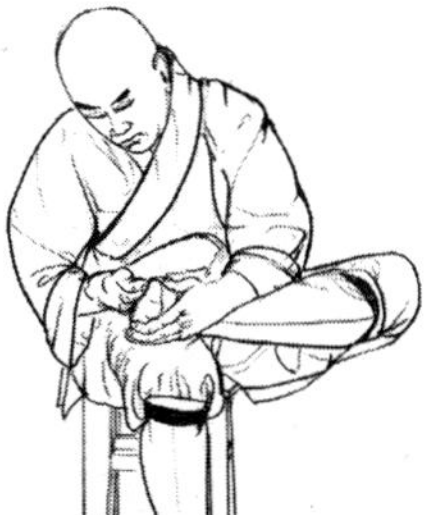

图3–46

【要点】

用力均匀，轻松自然。

【功用】

祛躯干之火，能降血压。

四、静坐收功按摩法

此法主要在静坐收功时使用，可以舒活气血，恢复常态，以免久坐对身体有碍，但也可单独练习。

（一）晃海按摩

【练法】

1. 此势是在静坐的基础上进行（平常坐、盘坐均可），两手轻放在小腹部或两膝上。（图3-47）

图3-47

2. 收心定意，全身放松，以腰为轴，先做顺时针方向摇转。向左俯身。（图3–48）

3. 向左下俯。（图3–49）

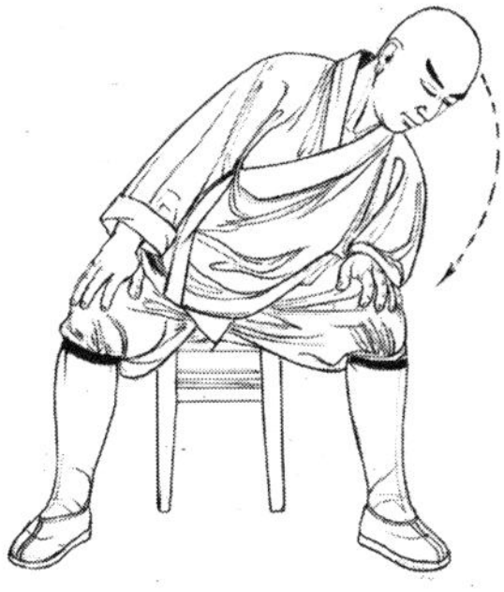

图3–48

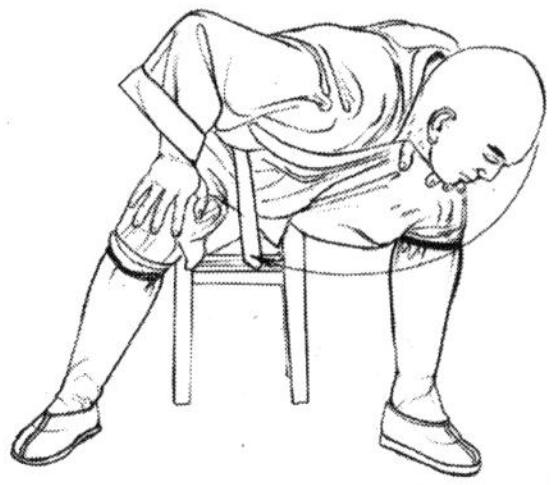

图3–49

4. 继续向下深俯。（图3–50）

图3–50

5. 向右旋转；向右上起。（图3-51、图3-52）

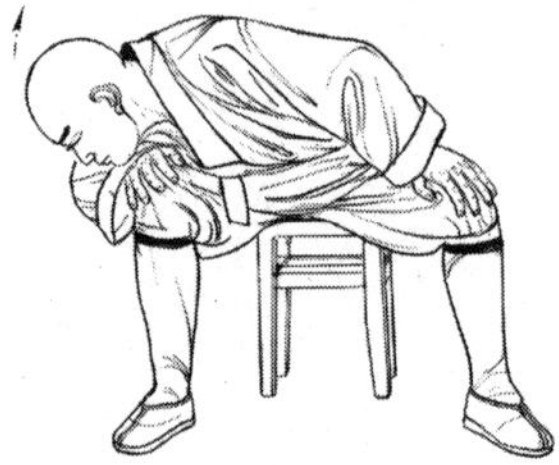

图3-51

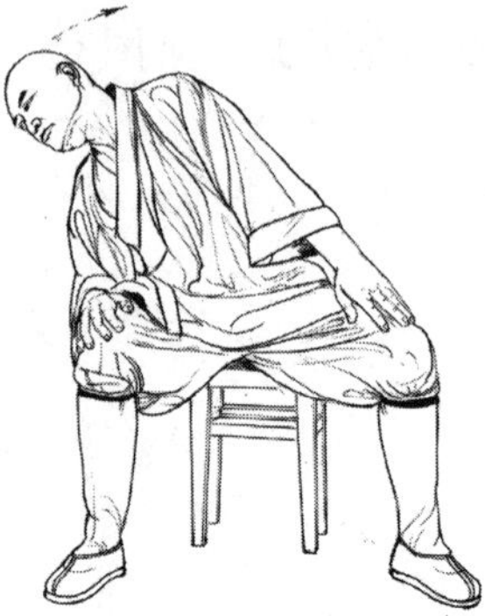

图3-52

6. 正身上起还原。（图3-53）

图3-53

转一整圈归原势。不停顿，重复旋转几十次，归原势后稍停。

再从右向左下俯身做逆时针方向摇转，方法相同，方向相反。

如前法反向转动几十次，归静坐势。

【功用】

此法以外动而使内动，可起到特殊的“脏腑按摩”作用，有调气、舒筋活血、增强运化之功。

练时要特别注意自身内在的运动。转动要松、要慢，自行把握转动次数和时间。

（二）按摩收功

此势在静坐或晃海之后练之。

【练法】

摇头

（1）盘坐，两手以子午诀抱于腹前，静心调息片刻。（图3–54）

图3–54

（2）两掌松开，分别按于两膝盖上；头部缓缓向左稍用力扭颈转项，眼看左肩。（图3-55）

（3）再向右转，看右肩。（图3-56）

图3-55

图3-56

揉眼

（1）两掌心相互搓热。（图3-57）

（2）以劳宫穴对眼球敷住两眼，约半分钟，使热气深入眼内。然后，两掌以同一方向，向左右各运转几次。（图3-58）

图3-57

图3-58

浴头面

（1）两掌如洗脸下摩，两中指微用力按睛明穴。（图3-59）

（2）至鼻旁迎香穴。（图3-60）

图3-59

图3-60

（3）两掌上摩，食指微用力推至太阳穴。（图3-61）

（4）继续上摩至头顶。（图3-62）

图3-61

图3-62

（5）两手分开从头后下摩，两中指按风池穴。（图3-63）

（6）摩至耳下。（图3-64）

图3-63

图3-64

（7）右手指向左，左手指向右，至两虎口对鼻尖。（图3-65）

上述动作重复几遍。

图3-65

浴身

（1）承接上势第五动。两手摩到脑后风池穴时，继续下摩，经颈项分开，摩至胸前。（图3-66）

（2）摩至腹部。（图3-67）

图3-66

图3-67

（3）摩至两腿膝盖。（图3-68）

（4）两手上起，右掌按左肩，左掌按右肩。（图3-69）

图3-68

图3-69

（5）顺两臂下摩，至右手心对左手背，左手心对肚脐。（图3–70）

（6）左右分开沿腰际各向后摩，至两手指相对。（图3–71、图3–72）

（7）继续下摩，分开经胯至腿膝，稍静坐。（图3–73）

图3–70

图3–71

图3–72

图3–73

【功用】

此势为静坐后收功之用，可调和局部的紧张。如为保健单练，可多做数次。

附：穴位图

1. 头面部穴位。（图3–74）

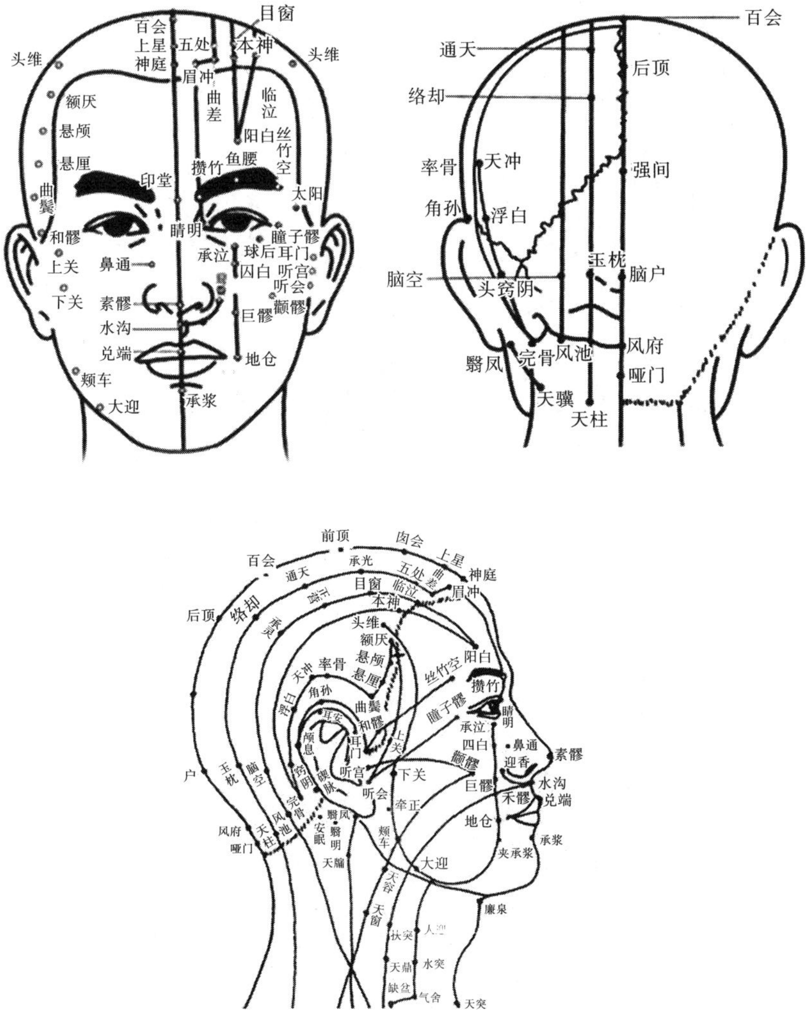

图3–74

2. 胸腹腰背部穴位。（图3–75）

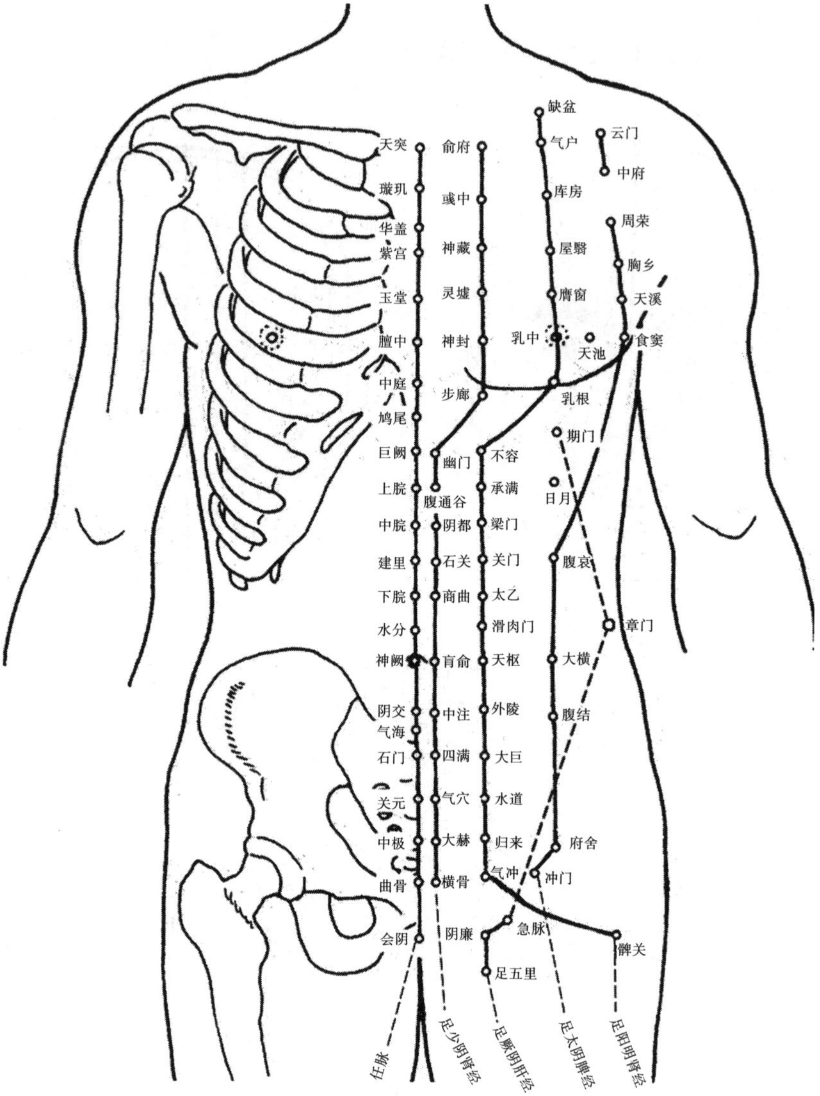

图3–75

3. 腿脚部穴位。（图3–76）

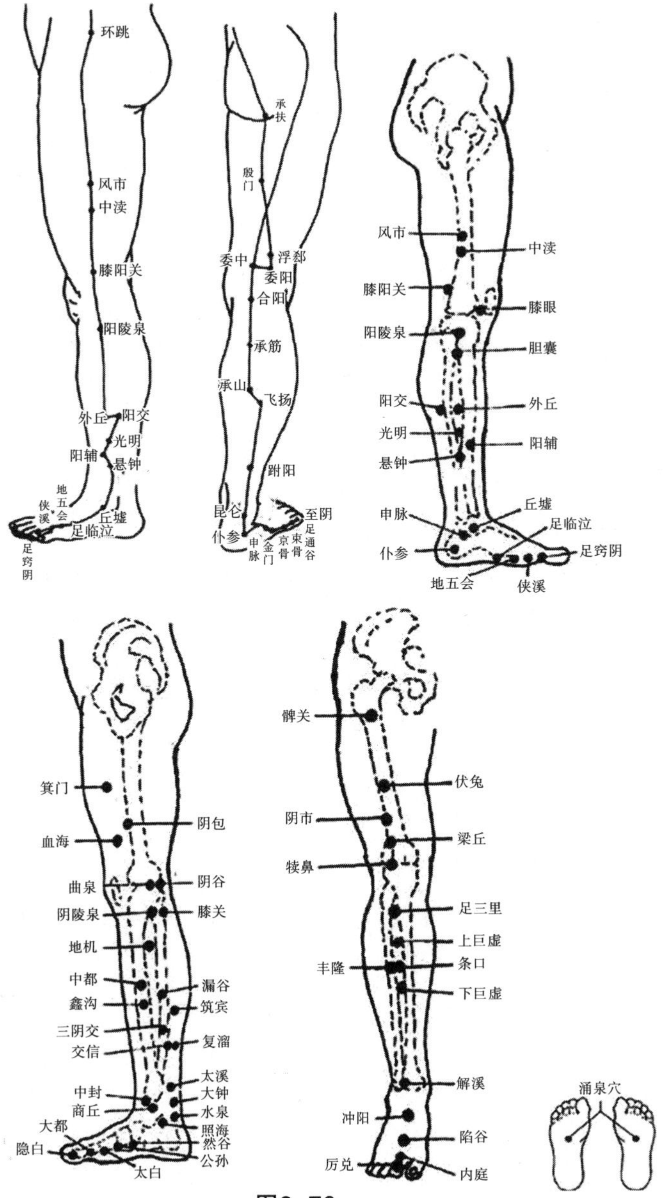

图3–76

第四章

达摩禅功拳

少林达摩派，是少林古传四大名派之一，很多拳种都由此演化而来。

达摩禅功拳，练法别致，以禅运拳，外动内静；动中求静，内修其心；由内及外，外练其身；修心为功，练外为拳。

禅拳合一，禅修其心，拳强其身。从其外形，看似武术动作，但不为练力，不求攻防，而是把拳打出禅味，动中有静，刚柔相济，动静兼修；以神行意，以意行气，以气行力，以心行拳，使身心相应，气力相应，浑然天成。修炼有得，则如入禅境，可镇神养心，活泼血气，荡除积滞，强身健体，延年益寿。

有所谓“禅拳之妙，存乎一心；功在悟性，勤修一身”，恳望有志者一心一意，勤加修习，必可练就一身真功夫。

一、禅拳起势

【练法】

两脚并步，正身直立；两掌下垂体侧；头平颈直；呼吸自然。目视前方。（图4-1）

图4-1

【要点】

1. 立身中正，含胸拔背，开裆敛臀，全身放松，气沉丹田。

2. 两臂下垂，松肩坠肘，手指自然微屈。

二、双垂勾手

【练法】

两臂缓缓左右平举，高与肩平；同时，两掌屈腕垂指，指尖向下，形如勾状。（图4-2）

图4-2

【要点】

松肩、坠肘。臂不得挺直，要微屈；肘有下坠之意。

三、合十拜佛

【练法】

1. 两掌平腕，缓缓形成立掌，内合至两肩前方，屈臂垂肘，掌心相对。（图4–3）

2. 动作不停，两掌向前合拢，掌心紧合，指尖向上与鼻尖相平，肘臂平肩。（图4–4）

图4–3

图4–4

四、达摩西来

【练法】

1. 双掌合掌由上向前下落，指尖向下，高与腹平，松肩坠肘，气沉丹田。（图4-5）

2. 体右转约90°，重心移于右腿，左脚提起，脚尖贴于右小腿内侧；同时，左掌心抱住右前臂下侧，右掌心贴于左前臂内侧，两臂成环状，提于右胸前侧。（图4-6）

图4-5

图4-6

3. 右腿屈膝下蹲，左脚向左伸腿，成仆步；上体随重心下沉，姿势不变。（图4–7）

4. 左仆步不变。两掌随上体左转，移于左大腿上侧，两掌掌心相对，右上左下，如抱球状。（图4–8）

图4–7

图4–8

5. 重心左移，右腿蹬伸，成左弓步；同时，两掌相抱向左前方掤出，左掌心抱住右掌背，两虎口均向上，高与下颌平。（图4–9）

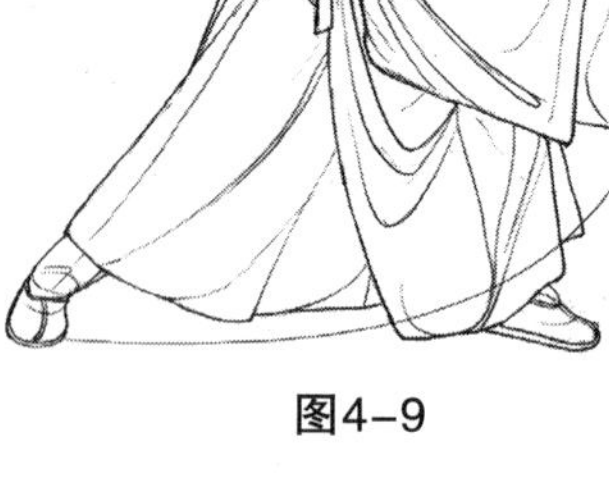

图4–9

【要点】

1. 身体左右转动时，要以腰为轴。

2. 动作柔缓，速度均匀。

3. 手、脚等各部动作，必须同时开始，同时完成。

4. 左仆步时，左脚伸出先以脚尖轻轻点地，随即仆地落实。

5. 左弓步时，右腿不可蹬得过直，禅拳一般以弓腿为实，蹬腿为虚。

五、金鸡独立

【练法】

身体重心移于左腿，缓缓伸膝立起，随之，右脚跟先离地向前提膝，成独立步；同时，两掌向前抬起，高与胸平，两臂成弧形。目视前方。（图4–10）

【要点】

独立后，左腿微屈，五趾抓地，立稳。

图4–10

六、孔雀开屏

【练法】

1. 左腿微屈膝；右腿下落绕过左小腿后侧，向左脚外侧方落步。随即，右转身约90°，两腿交叉，左脚在前，右脚在后；同时，两掌旋腕向头顶上方托举交叉，右掌在后，左掌在前。（图4-11）

2. 动作不停，两掌向左右缓缓展臂分开，腕与肩平，坐腕竖掌，掌心向外，臂成弧状，肘尖下垂。（图4-12）

图4-11

图4-12

【要点】

双掌上撑，随即左右分展，气沉丹田。

七、海底捞月

【练法】

两腿交叉下蹲，成歇步；两掌随之缓缓下垂，弧形向前收拢，如捞月状，右掌心抱左掌背，收于左膝前下侧，掌心向上。（图4–13）

图4–13

【要点】

1. 歇步时，两腿要交叉全蹲，臀部坐于右小腿上。

2. 两掌下落前抱时，要松肩，指尖相对，拇指向外叉开。

八、金鸡独立

【练法】

起身，重心移于右腿伸膝独立，随之，左脚在地面顺时针划一圈屈膝提起；同时，两掌向上收抱于右腹前。（图4–14）

图4–14

【要点】

独立后，左腿微屈，五趾抓地，立稳。

九、转身捋臂

【练法】

1. 右腿略屈，左脚向后落步，身体重心移于左腿，上体略左转；同时，左掌抡转，掌心向上，移于小腹前；右掌抡转，掌心向下，向左腋前伸，两掌成抱球状。（图4–15）

2. 重心移于右腿，左脚虚提向左侧伸出，前脚掌点地，成右弓步；同时，上体右转，两掌抱球随转体右移，右上左下，置于右侧前方。（图4–16）

图4–15

图4–16

【要点】

转身时，气要下沉，含胸实腹。

十、仆步下势

【练法】

1. 右腿全蹲，成左仆步；同时，上体左转，左掌沿腹前弧形下划于左大腿内侧近膝部，指尖向左，虎口向上；右掌环臂置于右膝外侧，掌心向下。（图4–17）

2. 重心左移，右腿蹬伸，成左弓步；同时，左掌向前上划弧前掤，高与额平，掌心向上，臂成半弧形；右掌斜伸右下侧，高与臀平，掌心向下。（图4–18）

图4–17

图4–18

3. 重心右移，右腿屈膝全蹲，回复成左仆步；同时，左掌向上、向右盖掌向下划弧，经右侧腹前时翻掌成掌心向上，向左下划至左大腿内侧近膝部，指尖向左，虎口向前；右掌环臂于右肩前侧，掌心向下，虎口向左。（图4-19）

图4-19

【要点】

1. 下势时，右脚跟要落实于地，不要俯身、低头、突臀，也不可挺胸。

2. 左手盖掌时，须随身体重心后移，松腰坐胯，沉肩坠肘，徐徐于裆前左移；右掌同时下沉。

十一、旱地拔葱

【练法】

1. 重心左移，左脚尖外展，右腿蹬伸，成右弓步；同时，上体前倾，右掌经右膝前向左脚前方划弧，指尖高于踝关节，虎口向前；左掌附于右后臂内侧，掌心向右。（图4-20）

2. 右脚擦地向前划弧扫脚，收至左脚内侧，脚尖点地，成右丁步；两手姿势不变。（图4-21）

图4-20

图4-21

3. 左腿伸膝直立，右腿屈膝提起，成左独立步；同时，右掌成勾手向头顶上方直臂提举，勾尖向下；左掌成空心拳置于左胯外侧，拳心向后。（图4-22）

图4-22

图4-22附图

【要点】

从蹲步到独立，右腿、右臂与身躯均要有上拔之意。眼随身体上拔而随视。

十二、古树盘根

【练法】

上体右转，左腿屈膝下蹲；右脚向左腿后侧落步，成交叉步；同时，右勾变拳向左下插出，停于左膝外侧，拳心向里，拳眼向左；左掌按于右前臂内侧。（图4–23）

图4–23

【要点】

右拳左插，松肩坠肘，含胸拔背。

十三、白鹤亮翅

【练法】

1. 歇步不变。两手成掌，向左右斜分臂，右上左下，右掌高与额平，掌心向右前；左掌高与肋平，掌心向后斜下。（图4–24）

2. 动作不停，右臂屈肘，右掌弧形盖向胸前，屈指半握拳，拳心向下；同时，左掌内收胸前，掌心对右拳背，指尖向右斜上方，形如抱拳。（图4–25）

图4–24

图4–25

【要点】

亮翅时，要开肩。双掌相抱后，要沉肩。

十四、坐盘旋转

【练法】

1. 两腿稍起，左转体约90°。右脚经左脚前向左划弧约360°，落于左脚前侧，将左膝插入右小腿下，成歇步；同时，右拳变掌，四指指腹按贴于左手四指指背上，两臂成环状，两掌心向下，掌棱向前，高与胸平。（图4–26）

2. 动作不停，上体略向左倾；同时，两掌向左右分展，右高左低，头右转，两指尖均向上，肘臂略屈。（图4–27）

图4–26

图4–27

【要点】

向右旋转时，仍保持坐盘状。眼随身体转视。

十五、渔翁指路

【练法】

右掌转腕，向上托举，过头顶，掌心斜向上，指尖斜向左；同时，左转身，右腿蹬地伸膝；左腿屈膝提起，脚掌内收于右大腿前侧护裆；左掌向前插出，高与肩平，掌心向下。（图4–28）

图4–28

【要点】

右掌托天，左掌前插，连贯流畅；独立要稳。

十六、左蹬出脚

【练法】

1. 右掌上举不变；左臂屈肘下沉，指尖向前斜上，掌棱向前；同时，左脚勾紧脚尖，以脚跟向前蹬出，高与腹平。（图4–29）

2. 动作不停，左腿屈膝收回，成右独立步；同时，上体略向右转45°，右掌不变；左掌向右推至右腋下前侧，指尖向上，掌心向右。（图4–30）

图4–29

图4–30

【要点】

左脚蹬出，要以脚跟为力点；右腿独立要稳定。

十七、右斜下势

【练法】

身体向左缓缓旋转，右腿屈膝下蹲；左脚向左下伸，脚尖先着地，脚尖微扣，成左仆步；同时，左掌转腕向左下划弧伸出，置于近左踝关节内侧上，指尖向左，虎口向上；右掌抱于右胁侧，掌心向上，指尖向前斜下。（图4–31）

图4–31

十八、并步推搓

【练法】

1. 重心缓缓移向左腿，右腿蹬伸，成左弓步；同时，左掌向前上方推出，高与肩平，掌棱向前，指尖向前斜上；右掌屈臂于右前侧方，掌心向右，虎口向下。（图4-32）

图4-32

图4-32附图

2. 右脚上步于左脚内侧成并步，两膝微屈；同时，右掌向前搓出，掌心向下，高与眼平；左掌收护于右后臂内侧。（图4-33）

图4-33

图4-33附图

十九、下势推掌

【练法】

1. 上体左转约90° ，右腿屈膝全蹲；左腿向左伸出，成左仆步；两掌姿势不变，随沉身下移。（图4–34）

2. 上体左转，重心左移，右腿蹬伸，成左弓步；同时，左掌随转身从右臂内侧向左前方推出，掌棱向前，指尖向上，高与鼻平；右掌移动，穿入左肋下侧，指尖向左，掌心向下。（图4–35）

图4–34

图4–35

二十、独立擎天

【练法】

重心移于左腿，独立支撑身体；右腿屈膝提起，前脚掌外摆，脚跟靠近左膝尖，成左独立步；同时，左掌收回握拳垂于左胯侧，拳心向下；右掌举臂上架于头顶右侧，掌心向上，指尖向左。（图4–36）

图4–36

【要点】

右掌擎天，要过顶；四指分开、拇指外叉、手心要空。虽是上举（擎），仍要松肩坠肘。

二十一、犀牛望月

【练法】

右掌变拳左摆，拳心向上；左拳向左侧提起，高与肩平，拳心向上；同时，上体略左倾。（图4–37）

图4–37

【要点】

夹首拳两臂要弯曲，与身体左倾同时完成。

二十二、孔雀开屏

【练法】

1. 右脚向右前侧落步，脚尖内扣，形成两膝内扣；同时，两拳变掌，略交叉于头额前上，两掌心向前斜上。（图4–38）

2. 右脚经左腿后侧插步，脚掌外缘着地，两腿交叉而立；同时，两掌向左右展臂分开，略过肩，指尖向上，掌棱向外。（图4–39）

图4–38

图4–39

【要点】

落脚、插步连贯而行，两掌交合、分展连绵自然，动作轻缓柔和。

二十三、童子拜佛

【练法】

身体重心下沉，两腿屈膝下蹲，成歇步（坐盘）；同时，两掌随下沉身合于身前，指尖高与人中穴平。（图4-40）

图4-40

【要点】

合掌时，掌心紧合，松肩坐腕，拇指对喉。

二十四、起身坐马

【练法】

1. 两腿伸立起身，身体重心移于左腿；右腿缓缓提起，向右蹬出，高与腹平，脚尖向上。（图4–41）

2. 右脚向下落步，两腿屈膝半蹲，成马步；同时，两掌合十下落腹前，随即向左右分开，外撑展臂，坐腕竖掌，掌心向外，指尖向上，肘尖下垂，臂成半弧形。（图4–42）

图4–41

图4–42

【要点】

蹬腿、坐马要连贯，撑掌、展臂要有绵力。

二十五、仆步下势

【练法】

重心左移，左腿屈膝全蹲；右腿伸膝，成右仆步；同时，左掌随沉身下落左侧，左臂斜下伸，指尖转下，略低于左膝，掌心向后；右掌弧形下划，盖掌于裆部前侧，右臂成半弧状。（图4–43）

图4–43

【要点】

左膝全蹲的同时，臀部尽量下沉，上体稍向右倾。

二十六、进步架掌

【练法】

重心移向右腿，左脚向前跨进一大步，屈膝半蹲，右腿蹬伸，成左弓步；同时，右掌向前上划弧架臂于头额前上方，指尖向左，掌棱向上；左掌向前下翻转穿出，掌心向前，指尖向下，高与腹平。（图4-44）

图4-44

【要点】

上步要快，架掌与前穿掌同时进行，并要有前推之劲意。

二十七、转身坐马

【练法】

重心右移，两腿屈膝半蹲，成马步；同时，右掌向前下落，与左掌相合胸前，右掌背贴于左掌心，掌心向下，两肘外张平抬与胸平。（图4–45）

图4–45

图4–45附图

【要点】

转身合掌不要超过腹部。马步要稳。

二十八、双掌穿展

【练法】

1. 马步不变。两掌抡转，使掌心向上，指尖向前穿出，屈臂垂肘，高略与肩平。（图4-46）

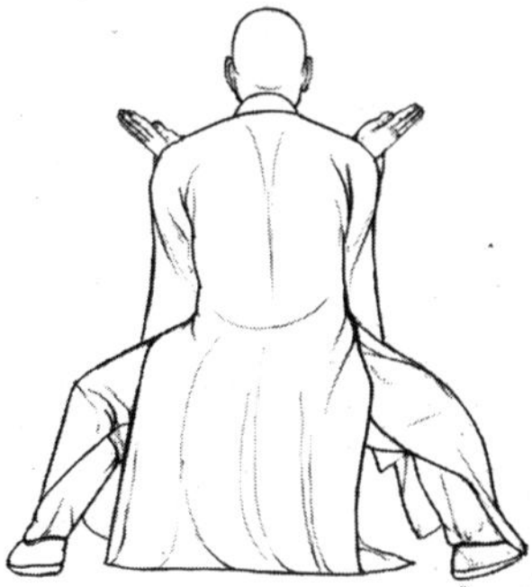

图4-46

图4-46附图

2. 动作不停，两掌向左右分开，成一字平肩。（图4-47）

图4-47

【要点】

前穿掌时，两臂不能伸出，完全靠腕部发力。左右分开后，两掌展平时，两掌须作一抖劲。

二十九、仆步下势

【练法】

重心移于左腿，屈膝全蹲，右腿右伸，成右仆步；同时，左掌下落伸于左侧，撮指成勾手，勾尖向下；右掌向下划弧盖掌于裆部前方，继翻掌成掌背贴地，屈腕，掌心向上，指尖向左，向右移于右大腿内侧近膝部，上体略右倾。（图4–48）

图4–48

图4–48附图

【要点】

屈蹲要深。两手的动作须同时进行，身体沉浮要有弹性。

三十、转身架掌

【练法】

右脚贴地向右后划一个半圆弧，随即蹬伸；左脚尖内扣立膝，成左弓步；同时，右掌向前上划弧架臂于头额前上方，指尖向左，掌棱向上；左掌向前下插出，置于左膝内侧前方，左臂伸直，指尖向下，掌心向前，成护裆势。（图4–49）

图4–49

【要点】

右腿贴地后扫要迅速。边扫边起身，至右脚扫到位时，下盘刚好成左弓步。动作要协调一致。

三十一、仆步下势

【练法】

重心右移，屈膝全蹲；左腿伸膝，成左仆步；同时，双掌从左向下、向右划弧下盖，右臂成半弧状，后臂略与肩平，右掌置于右膝外侧上方，掌心向下，指尖向内前斜；左掌按于右小腿内侧前方，掌心向右，指尖向右斜上，上体略左倾。（图4-50）

图4-50

【要点】

紧随重心移动而划弧盖掌，双掌带有捋劲。

三十二、扑身撩掌

【练法】

右腿蹬伸，重心左移，成左弓步；同时，上体向前扑身（前倾），左臂拦于胸前，左掌斜向前上，虎口对胸；右掌向左膝前撩出，虎口向前，指尖向下。（图4–51）

图4–51

【要点】

扑身撩掌时，要松腰、沉肩、坠肘。

三十三、侧身探海

【练法】

左腿伸膝直立，独立支撑全身；右腿伸膝自体后侧举，上体向左侧倾，右腿及上体成一线与地面平行；同时，左掌伸臂下按，指尖向左前；右掌五指并拢成勾手，屈臂提于右肩前。（图4-52）

图4-52

【要点】

左掌下按要有按物之意。右肘上抬要有沉肩之意。

三十四、肘底看捶

【练法】

上身缓缓直立，右腿向左腿后方插落，两腿交叉，屈膝坐盘；同时，右掌变拳，向左胯外侧插击，拳眼向上；左掌护于右腮侧，掌心向右，头左转。（图4–53）

图4–53

【要点】

落步要平稳。坐盘与左掌右护、右拳击出须同时完成。

三十五、左右劈掌

【练法】

身体重心移于左腿，渐渐起身，然后提起右腿，向右前方迈出一步，成右弓步；同时，右拳变掌上举，双掌相搭。随之，左掌向左，右掌向右，分劈而出，右掌力达掌棱，高与颌平，指尖斜向前上；左掌心斜向后下，指尖斜向左后上，体略向右前倾。（图4–54）

图4–54

【要点】

上步与分劈掌须同时完成。劈掌力量偏于右掌。

三十六、左高悬脚

图4-55

【练法】

1. 重心移于右腿，左腿向右前上提起，由左到右，身体随腿而转；同时，右掌向内划弧下按伸展于裆前，掌心向前；左掌向前架臂于头额前上方，掌棱向上，指尖向右。（图4-55）

2. 动作不停，左脚下落于右脚内侧，脚尖点地，随之两腿屈膝下蹲；同时，左掌变拳随转体向下插击，置于两膝盖前下侧，拳背向前；右掌左横，护于左前臂前侧，掌心向下。（图4-56）

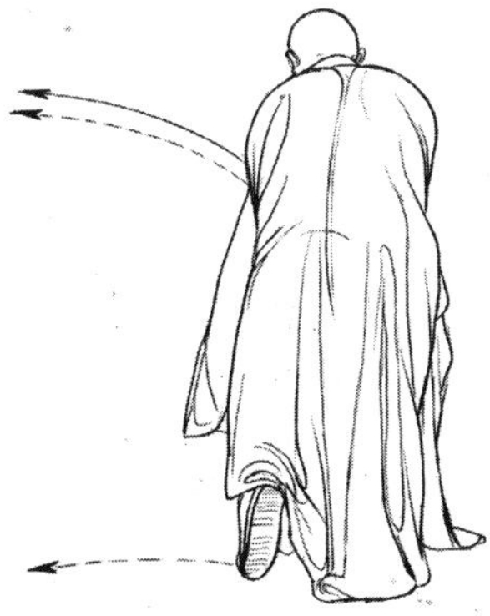

图4-56

图4-56附图

【要点】

高悬脚时，要尽量高抬腿。由起脚到落脚成180° 为妙，过则无益。

三十七、禅拳双撞

【练法】

左脚向左侧方横跨一步，右腿蹬伸，成左弓步；同时，右掌变拳与左拳相并，随左转身一齐向左前方撞出，高与下颌平。（图4–57）

图4–57

【要点】

撞拳时，要以腰为轴带动双拳左转。

三十八、上步拱掌

【练法】

1. 右脚上步落于左脚内侧前方，左脚靠拢右脚并步半蹲；同时，双臂下垂，两拳变掌，指尖下插，掌背向前，虎口相并，高略与裆平。（图4–58）

2. 随即，两腿伸膝立身；双掌旋转，上提至与胸平。在掌背相贴、掌尖向里之际，向前翻出，掌心相对，向前拱举，高与鼻平，两臂成半弧形。（图4–59）

图4–58

图4–59

【要点】

右掌右分，塌腕开肩。左掌左分，坠肘开肩。

三十九、蹲步后勾

【练法】

双腿屈膝下蹲；同时，两掌下移分开于臀部两侧，由双腿外侧向臀部后甩掌勾手，勾尖斜向后上。（图4-60）

图4-60

【要点】

此动变勾手，纯由两掌向后甩出鞭梢劲自然形成，不要故意去做勾手动作。

四十、起身掌劈

【练法】

1. 双腿伸膝直立；同时，右勾手经胸前变掌前劈，掌棱向前，指尖向上，高与鼻尖平；左臂斜伸体后左侧，伸指成掌，掌心向里，指尖向下。（图4–61）

2. 右掌下收腹前，指尖向前，掌心向下；同时，左掌向前劈出，掌棱向前，指尖向上，高与鼻尖平。（图4–62）

图4–61

图4–62

【要点】

两掌前劈要成连环出击之势，两腿及身体均不动，唯两掌循环运动前劈。

四十一、上步指裆

右掌经胸前上穿，架掌于头额前上侧，掌心向前，指尖向左；同时，右脚向前方上进一步，左腿蹬伸，成右弓步；左掌变拳，向右前下方插击，拳背向前，高与裆平。（图4–63）

图4–63

【要点】

上步与架掌、插拳同时进行，一气呵成。

四十二、扑身攀足

【练法】

身体重心移于左腿，屈膝全蹲，右腿伸膝，成右仆步；同时，随下势，右掌向下划弧，向右扑身攀右足背之际，向左翻掌屈肘于裆前，掌心向上，掌尖向正前；左拳变掌随移于右后臂前侧，指尖向上，掌心向右，上体右倾。（图4–64）

图4–64

【要点】

1. 右手攀足，要松肩坠肘。

2. 扑身时，要塌腰下扑，不可含腰翘臀。

四十三、金鸡独立

【练法】

身体重心移于右腿之际，左脚上步于右脚后侧，伸膝独立支撑全身；同时，身体带动右腿内收，屈膝提起，脚背绷直；右掌变拳随起身前伸，拳眼向上，拳心向里，高与肩平，臂成半弧；左掌扶于右后臂内侧，指尖向上。（图4–65）

图4–65

【要点】

独立时，左掌扶住右后臂，左臂要成半弧，肘部略低于肩。

四十四、扑身削掌

【练法】

1. 右脚落步，屈膝全蹲；左腿向左侧方伸出仆步，形成下势；同时，上体左转，左掌护于右后臂不变；右拳向左肘下外侧击出，拳心向下。（图4-66）

2. 左仆步不变，上体右转前倾；右拳向右下击，略低于右膝，拳心向下；左掌随之护于右前臂上侧。（图4-67）

图4-66

图4-67

3. 左仆步不变，臀部下沉，上体左转；右拳斜伸于右侧下方不动；左掌随转身向左膝前划弧削击，掌心向下，掌棱向左。（图4-68）

图4-68

【要点】

仆步下势要灵活自然。右拳左击、右击要连贯一气，与转体紧密配合。左削掌要有劲。

四十五、震脚压拳

【练法】

1. 身体重心全部移于右腿，左腿抬起与左脚并步“震脚”，两腿屈膝半蹲成并步；同时，右掌收于右肋侧，掌心向上；左掌以掌棱向前推出，高与鼻尖平。（图4-69）

2. 动作不停，右掌变拳向前下压，拳心向下，高与裆平；同时，左掌变拳下压于右拳背上，上体略前倾。（图4-70）

图4-69

图4-70

【要点】

震脚并步要有气势，推掌压拳要连贯流畅。

四十六、白蛇吐信

【练法】

1. 右拳上举额前，拳心向外；同时，左拳下垂左胯侧，拳心向后；身体渐渐起立，上体缓缓左旋。（图4-71）

图4-71

2. 右肘下收，右拳向右横击，转收于右肋侧，拳心向上；同时，左脚向前方上进一步，右腿蹬伸，成左弓步；左肘向前横出，左拳收至左胸前，高与肩平，拳心向下。（图4-72）

图4-72

图4-72附图

3. 身体重心移于左腿；右腿屈膝向前提起，成独立步；同时，左臂上架护顶，掌心向前；右拳变掌，由胸部向前戳出，掌心向下，高与肩平。（图4-73）

【要点】

上步顶肘要有振动劲，提膝与前插掌要连贯，动作协调，一气呵成。

图4-73

四十七、蹬脚砍掌

【练法】

1. 右掌略向前上翘掌；右腿伸膝向前蹬出，高与腹平，脚尖向上，力达脚跟。（图4–74）

2. 右脚向前落步，屈膝半蹲，左腿蹬伸，成右弓步；同时，右掌内收护顶，掌棱向上，指尖向左；左掌向前划弧砍出，略低于胸，力达掌棱，掌心向上，指尖斜向前外。（图4–75）

图4–74

图4–75

【要点】

蹬腿后要快速落地，砍掌则乘势而发，动作协调一致。

四十八、野马分鬃

【练法】

1. 上体左转，身体重心移向左腿，左脚尖外展；右腿蹬伸，成左弓步；同时，左掌向上与右掌相搭，掌心向前，随身体左转劈出，高与肩平，力达掌棱，掌尖向上；右掌斜伸于右侧方，掌心向下，高与臀平。（图4-76）

2. 左弓步不变，右掌前掤与左掌成抱球势。随即，左掌向左下划弧盖掌，向左下方分开，高与腹平，指尖斜向右前，掌心向下；右掌向右斜上方分出，高与顶平，掌心向后，虎口向上。（图4-77）

图4-76

图4-77

【要点】

1. 左劈掌时，要松肩、坠肘、坐腕，而右掌也要有后劈之意。

2. 在双臂开分的同时，弓步要开裆，以利气下行。

四十九、怀中抱月

【练法】

1. 重心移于左腿；右脚提起向左腿靠拢，脚面扣于左小腿近膝弯上；同时，左掌上移前劈，高与肩平，掌棱向前，指尖向上；右掌下移于左臂内侧，掌心向上，指尖向左，上体略屈左倾。（图4-78）

2. 右脚向左脚后侧方落步，左脚尖内扣，上体右转，两腿下蹲成歇步；同时，沉臀、屈体、团身，两掌弧形交叉胸前，左内右外，高与下颌平，掌心向里。（图4-79）

图4-78

图4-79

【要点】

怀中抱月，两掌交叉要有合抱之势，身体尽量团身，柔和而自然。

五十、转身斜推

【练法】

1. 右脚向左脚内侧收步，屈膝下蹲；随即，左脚向左前方擦地穿出，成左仆步；同时，身体前移，两掌从左腿内侧推出，至左膝内侧。（图4–80）

2. 重心左移，左腿屈膝全蹲，右腿伸直，成右仆步；同时，上体右转，两掌向上经头顶向右划弧劈掌斜推于右大腿内侧，两掌心略相对成抱球状。（图4–81）

图4–80

图4–81

【要点】

左右仆步互换转身要协调。双劈掌斜推要轻柔灵活，不可僵滞。

五十一、捞月投井

【练法】

1. 身体重心移于右腿，左腿跟半步，屈膝半蹲，右腿挺直；同时，上身前俯，两掌向前下伸，抱掌于右脚面近脚尖处，有如捞月之势。（图4-82）

2. 两掌在右脚尖前握拳，随起身，上收屈肘抱于下颌前；重心移于左腿，上体后仰，使上体与右腿成一斜直线。仰面。（图4-83）

图4-82

图4-83

3. 以左脚为轴，向右转身；右脚迅速向前迈出一步，左腿蹬伸，成右弓步；同时，右拳变掌向前劈出，高与肩平；左拳变掌护于右肘弯内侧。（图4–84）

图4–84

【要点】

俯身捞月之两掌要尽量攀到右脚尖。起身收拳与转体劈掌要连贯，有连绵不断的意境。

五十二、转身捋手

【练法】

1. 右脚尖翘起，左脚向前上步，右转身，两腿屈膝半蹲成马步；同时，两掌向左捋出，左掌高与肩平，掌心向下，掌棱向前；右掌护于左肘弯内侧，掌心向下。（图4-85）

2. 左脚内收一步，随即将右脚向前方上进一步，上体左转，成高横裆步；两掌随转身继续左捋，左掌略低于肩，掌心向下，掌棱向前；右掌护于左肘下方。（图4-86）

图4-85

图4-86

【要点】

捋手与转身要协调，以步法、身法调节捋手的划弧。

五十三、蹲步对拳

【练法】

1. 两掌右捋，至胸前时双掌变拳，拳面相抵，拳心向下；同时，左脚收于右脚内侧并步，屈至全蹲。（图4–87）

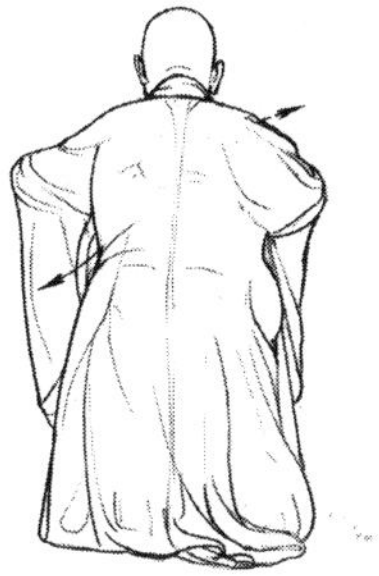

图4–87

图4–87附图

2. 下蹲不动。右拳变掌向左肋下方插击，掌心向上；同时，左拳变掌向右上护于右腮侧，指心向右，指尖向上。（图4–88）

图4–88

图4–88附图

【要点】

并步蹲身要稳，对拳与插掌要连贯，一气呵成。

五十四、吞吐双掌

【练法】

1. 起身右转，右腿向右方迈出一步；左腿蹬伸，成右弓步；同时，右掌向上与左掌相搭于胸前之后，随转身上步，右掌向右前方劈出，高与肩平，指尖向上，掌棱向前；左掌向左后方伸出，高与肋平，指尖斜向后下，掌心向后。（图4-89）

图4-89

2. 重心左移，左腿屈膝全蹲，右腿伸膝仆地，成右仆步；同时，左掌屈肘下按于左肩斜前方，虎口向下，掌心向外，指尖斜向右前；右掌内收下按于左肋角前外侧，指尖斜向左上，掌心向左。（图4-90）

图4-90

图4-90附图

3. 右脚向右外侧划弧收回半步，重心移向右腿，左脚向前上步，成左弓步；同时，右掌随起身向前上架于头额前上方，掌棱向上，掌心向前；左掌向前撩于左膝前侧，掌心向前，指尖向下。（图4-91）

图4-91

【要点】

1. 起身时，要缓缓立起。

2. 右掌劈出时，要沉肩坠肘，富具弹力。

3. 吞身是为了上步撩掌而蓄势。

五十五、下势撩掌

【练法】

1. 右脚尖外展，左腿蹬伸，右转身，成左弓步；同时，右掌握拳，随转身下收于右肋侧，拳心向上；左掌随转身斜向右前方推出，掌棱向前，指尖向上，高与下颌平。（图4–92）

图4–92

图4–92附图

2. 重心下沉，右脚尖外撇，屈膝全蹲，上体左转约45°，成左仆步；同时，右拳变掌与左掌在右膝前左右分掌，右掌心向下，右掌在右膝上侧；左掌置于左膝内侧前，虎口向上，掌心向前，指尖斜向左外上。（图4–93）

图4-93

3. 重心左移，右腿蹬伸起身之际，右脚向前跨上一步，成右弓步；同时，左掌向前上架于额前，掌心向前，掌棱向上；右掌随上步向前撩出，略过右膝，掌心向前，指尖向下。（图4-94）

图4-94

【要点】

仆步下势要沉得下去，方能为起身撩掌蓄势。

五十六、海底插刀

【练法】

1. 上体左转约90°，两腿屈膝半蹲，成马步；同时，右掌翻掌向前上划弧架于额前，掌心向上，指尖向左；左掌沿胸前下按，护于裆前，掌心向下，指尖向右。（图4-95）

图4-95

图4-95附图

2. 右掌托架不变；向下深蹲，左指尖下插近地，掌心向右。（图4–96）

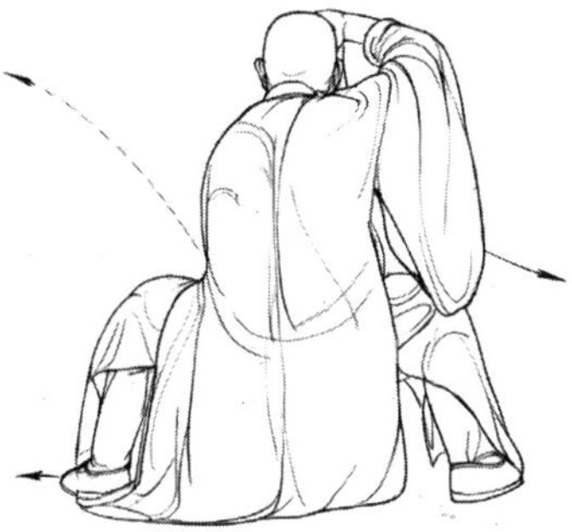

图4–96

图4–96附图

【要点】

做海底插刀时，要松腰坐臀，直掌直臂。

五十七、搭掌连劈

【练法】

1. 双腿缓缓伸膝立起；上体左转，右腿蹬伸，成左弓步；同时，双掌随起身在头顶交叉，随左转身向左右分劈，左掌腕高平肩，指尖向上，掌棱向前；右掌平腰，掌心向下，指尖向后。（图4–97）

图4–97

2. 身体左旋，右腿向前跨上一步，左腿蹬伸，成右弓步；同时，右掌随进步向上、向前劈出，腕高平肩，指尖斜向前上，掌棱向前；左掌斜伸于左侧，高与腰平，掌心向后。（图4–98）

图4–98

【要点】

左右劈掌连环而出，掌发震抖劲，目随掌走。

五十八、左脚高悬

【练法】

1. 重心移于右腿；左脚蹬地而起，向前上、向内旋踢，随之右转体，屈膝提于左侧；同时，右掌收按于右大腿外侧；左掌上架于额前上方，掌心向上，仰面上视。（图4-99）

图4-99

图4-99附图

2. 左脚下落于右脚内侧，脚尖点地，随之两腿屈膝下蹲；同时，左掌随转体向下插击于两膝盖前下侧，掌背向前；右掌左横，护于左前臂前侧，掌心向里。（图4-100）

图4-100

【要点】

1. 悬脚时，支撑腿要稳固，身体不可有摇晃之弊端。

2. 落步转体与下蹲要连贯协调，插掌干脆利落。

五十九、上步挑掌

【练法】

1. 左腿向左前方迈出一步，右腿蹬伸，成左弓步；同时，左翻掌从裆前随左腿前弓顺腿挑推而出，置于左膝前上侧，指尖向下，掌心向前，高与左大腿平；右掌垂于右大腿前外侧，掌心向里。（图4-101）

图4-101

2. 右转体，右脚向右后侧退一步，随之左脚向左上步，右腿蹬伸，成左弓步；同时，左掌随转身上步顺腿挑推而出，置于左膝前上侧方，指尖向下，掌心向前，高与左大腿平；右掌垂于右大腿前外侧，掌心向后。（图4–102）

图4–102

【要点】

左挑掌时，以臂挑出，臂不宜屈，掌挑要过膝。右掌后护，不要过胯，双臂要有掤劲。

六十、捧拳挑指

【练法】

1. 重心移于左腿，伸膝而立；右脚向左后方移步，两腿交叉站立；同时，两掌向裆前划弧交叉，沿体前上举，架于额前上方，右掌心贴住左掌背，两臂成环状。（图4-103）

图4-103

2. 两臂展开与肩平，随即屈膝坐盘；同时，捧拳挑指，以右手中指、无名指和小指盖左手中指、无名指和小指，左右食指和拇指翘起相对挑起捧于胸前，高与口平，两肘下垂，竖臂胸前。（图4–104）

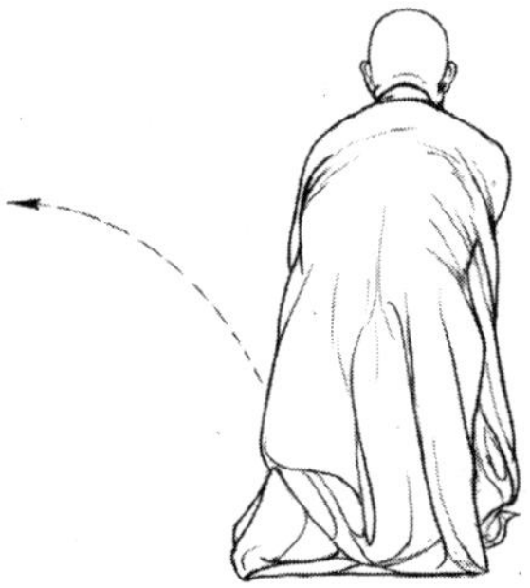

图4–104

图4–104附图

【要点】

捧拳挑指时，两前臂要竖，两肘尖要垂，同时要含胸拔背。

六十一、嵩风展翅

【练法】

1. 身体重心移于右腿，伸膝立起；同时，左腿提起向左方蹬出，高与小腹平，脚尖向里勾起。两手姿势不变。（图4-105）

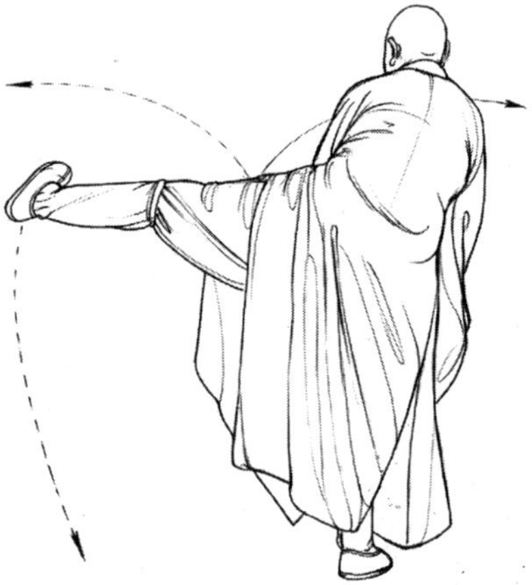

图4-105

图4-105附图

2. 左脚落地，屈膝半蹲，成马步；同时，两手左右展臂分开，一字平肩，掌心向外，指尖向上。（图4-106）

图4-106

【要点】

蹬踢快速，落地平稳。蹲马步时要下沉，随展臂略有一个起伏之势。

六十二、下势撩掌

【练法】

1. 重心移于右腿，屈膝全蹲；左腿向左铲出，成左仆步；同时，右掌五指撮拢成勾手，随体下沉伸于体右侧，腕与肩平，勾尖向下；左掌内收，经胸前向下按于裆前，指尖向左，虎口向上。（图4-107）

图4-107

图4-107附图

2. 重心左移，右腿蹬伸成左弓步之际，右脚迅疾向前跨上一步，蹬伸左腿，成右弓步；同时，左掌屈臂随起身向上架于额前，掌棱向上，指尖向左；右勾手变掌，随右进步，向前撩于右膝前侧，掌心向前，指尖向下。（图4-108）

图4-108

【要点】

吞身下势犹如海浪退潮，起身撩掌犹如惊涛拍岸。动作协调连贯，一气呵成。

六十三、侧身探海

【练法】

1. 左膝沉跪，悬起脚跟，前脚掌点地，成右跪步；同时，右掌上旋架于额头前侧，掌心向前，掌棱向上；左掌向外、向下划弧至裆前方，掌心向前，指尖向下。（图4-109）

2. 左脚向左外跨出一步，独立支撑身体平衡；同时，上体左倾，右脚向右外侧抬起伸腿，上体及右腿与地面平行；左掌变拳，自然下垂；右掌探向额前，虎口向下。（图4-110）

图4-109

图4-110

【要点】

左跨步独立要掌握好平衡，左倾身不可摇晃，左脚趾抓地扣紧。

六十四、金鸡独立

【练法】

1. 右腿落步，立身右转，两脚间距约与肩同宽；同时，右掌旋腕握拳收于右肋前侧，拳心向上；左拳变掌收于左胸前并向前推出，左肘略屈，掌棱向前，指尖向上，高与鼻尖平。（图4-111）

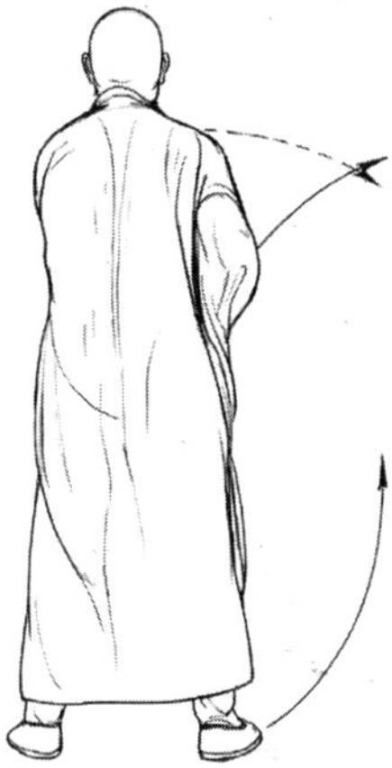
图4-111

图4-111附图

2. 两腿屈膝下蹲，随之身体重心坐于左腿，右转体，成右虚步。然后，轻提右腿，向后、向右、向前划弧，屈膝护裆；左腿伸膝独立；同时，右臂后甩，向上、向前、向下划弧至胸前，与左臂成环抱状，指尖相对。（图4-112）

图4-112

【要点】

1. 右拳回握，同时，左手立掌，向前推出，要一气呵成。

2. 提膝独立，支撑腿要稳，不可摇晃。

六十五、金鸡伸腿

【练法】

1. 两掌于胸前交叉，右内左外，掌心向前；同时，左腿微屈；右脚尖勾紧，以脚跟向前蹬出，高与腹平。（图4-113）

2. 右脚落地踏实，重心移于右腿；同时，提左脚箭弹正前方，高与腹平，力达脚尖；两掌略向前按，掌心向下。（图4-114）

图4-113

图4-114

3. 左脚收落右脚前，随即将右脚向前方上进一步，左腿蹬伸，成右弓步；同时，右掌向前穿出，高与额平，掌心向上；左掌护于右肘下侧，掌心向下，指尖斜向左外侧上。（图4–115）

图4–115

【要点】

1. 蹬腿与弹踢要连贯而行，两腿发出不可间断。

2. 保持三动连击协调，动作上下一致。

六十六、叶里藏花

【练法】

1. 左转体，右腿蹬伸，成左弓步；同时，左掌向左前方掤于额前，掌心向前，掌棱向上；右掌抱于右肋侧，掌心向上。（图4–116）

2. 右脚向前上一步，重心移于左腿，成右虚步；同时，右掌向前下插，高与腹平，掌心向下；左掌弧形下按于右腕上侧方。（图4–117）

图4–116

图4–117

【要点】

1. 左掌上掤时，四指并拢，拇指叉开，手心要空，松肩坐腕。

2. 右掌下插要快，几乎与左掤掌连贯而出。

六十七、下势撩掌

【练法】

1. 身体重心移于左腿，右转体，右腿向右后方迈出一步，左腿蹬伸，成右弓步；同时，两掌于腹前交叉，向左右分出，右掌向右前方劈出，高与额平，指尖向上，掌棱向前；左掌斜向左后砍出，高与腰平，掌心向下，掌棱向后。（图4–118）

图4–118

2. 重心左移，左腿屈膝下蹲，右腿伸膝仆地，成右仆步；同时，右掌向下、向左划弧至左膝内侧前下方，掌心斜向左下方；左掌右划，护于右后臂前外侧，指尖向上，掌心向右。（图4–119）

图4-119

图4-119附图

3. 重心移向右腿，左脚蹬地而起，向前上进一步，右腿蹬伸成左弓步。同时，右掌屈臂向前上架两掌于额头前侧，掌心向前，掌棱向上；左掌向前撩出，置于左膝前侧方，掌心向前，指尖向下。（图4-120）

图4-120

【要点】

仆步下势要沉得下去，方能为起身撩掌蓄势。

六十八、左右推舟

【练法】

1. 左垫步进身，仍成左弓步；同时，两掌向前推出，腕高与肩平，掌心相对，指尖斜向前上方，掌棱向前。（图4–121）

2. 身体重心下沉，两腿屈蹲，重心移于右腿，成右半弓半马步；同时，两掌随右转体，向右前下方推出，两掌心相对如抱球状，上体略前倾。（图4–122）

图4–121

图4–122

3. 上体左转，右腿蹬伸，成左弓步；同时，两掌随转身向左前方推出，高与肩平，掌心相对，掌棱向前，上体略前倾。（图4-123）

图4-123

【要点】

左右转身推掌要用连绵之劲，身体转动灵活，动作协调一致。

六十九、回身敲钟

【练法】

1. 重心移于左腿，右脚收于左脚内侧，并步立身；同时，右掌下收前穿，高与胸平，肘部略屈，掌心向上；左掌按护于右后臂内侧。（图4–124）

2. 右脚向前方上进一步，左腿蹬伸，成右弓步；同时，右掌上翻架臂，掌背护于额前上侧，掌棱向上，掌心向前；左掌变拳向前方击出，高与下颌平，拳眼向上。（图4–125）

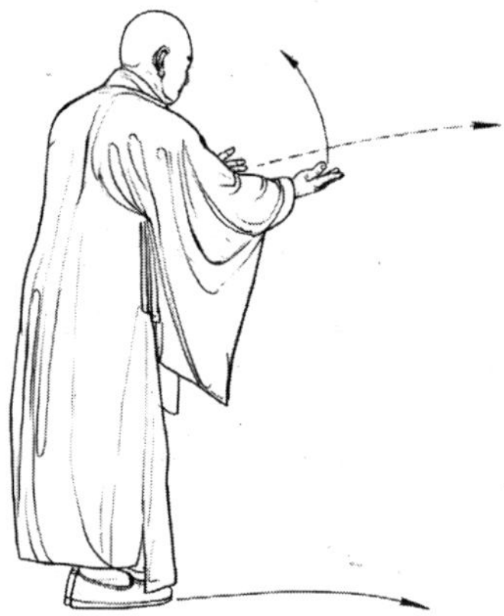

图4–124

图4–125

3. 上体左转，右腿蹬伸，成左弓步；同时，左拳随转身向左反背甩击，高与鼻平，拳心斜向内上；右拳斜伸于右侧，高与胸平，拳眼向上，上体左倾。（图4-126）

图4-126

【要点】

上步架臂冲拳与回身反背拳，要连贯一气，动作协调，转身灵活，劲力干脆弹抖。

七十、左右开弓

【练法】

1. 右脚上步于左脚后侧，随即上体左转，重心落于右腿，左腿屈膝提起，成右独立步；同时，右拳划弧提至胸前，拳心向里；左拳伸臂上举，拳心向后。（图4–127）

2. 右腿缓缓下蹲，左脚经右腿后侧向右外侧方落步，屈膝下蹲，成歇步；同时，双臂下移，右拳向右侧方冲出，略低于肩，拳眼向上；左拳屈臂横于胸前，拳心向下。（图4–128）

图4–127

图4–128

3. 左转身约270°，两腿屈膝半蹲，成马步；同时，右臂随体转横于胸前，两拳拳面相对。（图4–129）

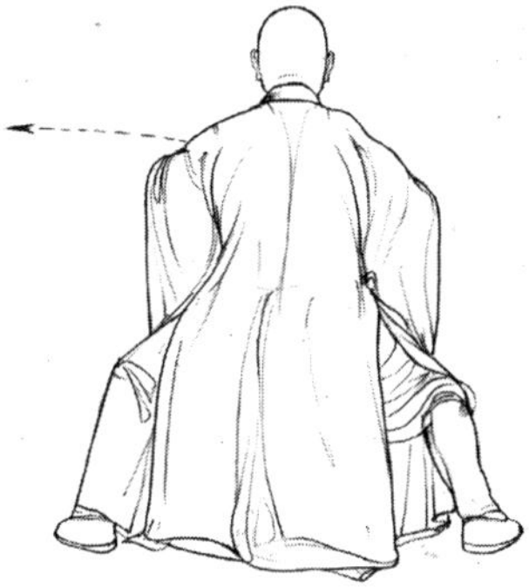

图4-129

图4-129附图

4. 马步不变。上体略左转，左拳向左侧方击出，高与鼻平，拳眼向上，肘部略屈；右拳护于左胸前外侧，拳心向下。（图4-130）

图4-130

图4-130附图

【要点】

歇步转身时，上体不得过分上挺。形成马步后，左拳乘势击出。左、右拳出击连贯流畅。

七十一、弯弓射虎

【练法】

1. 上体右转，左腿蹬伸，成右弓步；同时，左拳自左向下、向右弧形抄拳，高与腹平，拳心向上；右拳屈肘横于胸前，拳心向下。（图4–131）

图4–131

2. 身体重心移于左腿，右腿蹬伸，成左横裆步；同时，左臂屈肘斜向左上方拉顶，左拳变掌置于头部左侧，虎口向下，指尖斜向右下；右拳变掌斜向右下方撑出，虎口向下，掌心斜向右下；扭头。（图4-132）

图4-132

图4-132附图

【要点】

由马步变弓步抄拳要及时，变拳为掌收拉，撑出右掌，有如开弓射箭之势。

七十二、降龙伏虎

【练法】

1. 重心移于左腿，身体后转约270° 。右脚提起向左靠拢，落步震脚，成并步；同时，双臂展开，左右平举；左腿提起向前平踢。随即，两臂平行竖立胸前，拳面向上，高与鼻平；同时，收回左腿，成右独立步。（图4-133）

2. 左脚下落于右腿后外侧方，屈膝下蹲，成右歇步；同时，两前臂下垂，两肘左右外张，两拳面相对于左膝上端，拳心向下。（图4-134）

图4-133

图4-134

3. 左脚提起向左迈出，成斜弓步；同时，双拳缓缓前移，顺左膝捶下，拳心相对，拳眼斜向前上，上体前倾。（图4–135）

图4–135

【要点】

身体起落要有节奏感，重心要稳定，动作协调连贯。

七十三、捞月投井

【练法】

1. 上体缓缓右旋，左脚尖内扣，右脚随之内收一步，身体后仰，重心落于左腿；同时，两拳相并，屈臂上提于面部前侧，拳心对鼻。（图4–136）

2. 双拳变掌，向前俯身下按于右脚尖前上侧，指尖相对；同时，两腿膝关节挺直。（图4–137）

图4–136

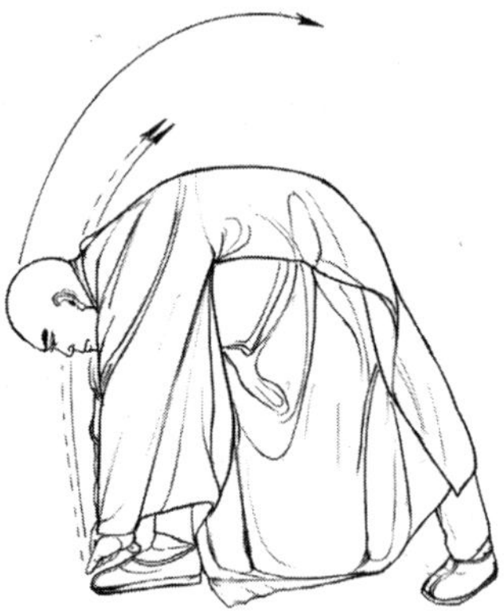

图4–137

图4–137附图

3. 随后，双掌顺右腿上部两侧上捋，挺身后仰。两掌捋到小腹处变拳上提，屈肘竖臂于胸前，两拳心对鼻。（图4-138）

4. 重心移于左腿，仰身左转约180°；右腿蹬伸，成左弓步；同时，双拳变掌，向前侧掌劈出，高与鼻平，掌心相对，指尖斜向上，掌棱向前。（图4-139）

图4-138

图4-139

【要点】

1. 头随身后仰，下颌内收。

2. 俯身捞月与起身转体劈掌要连贯顺达，动作协调一致，发力点突出。

七十四、转身劈掌

【练法】

1. 重心移于右腿，左脚收步虚点地面，上体向后倾斜；同时，两掌翻腕，向身体两侧后拉，成勾手置于两腰后侧。（图4–140）

2. 右转体约180°，左脚向右划弧，前脚掌踏地，重心移于右腿，屈膝半蹲，成左虚步；同时，两掌随转体向前劈出，高与胸平，掌心相对，指尖斜向前上。（图4–141）

图4–140

图4–141

【要点】

仰身勾手后拉与转身劈掌要连贯协调，步型调换要自然灵活，发力点突出而明显。

七十五、捞月投井

【练法】

1. 上体前俯，两掌向前下探，指尖相对按至左脚尖前上侧；左膝伸直。（图4–142）

2. 挺身后仰；两掌变拳上提，屈肘竖臂于胸前，拳心对鼻。（图4–143）

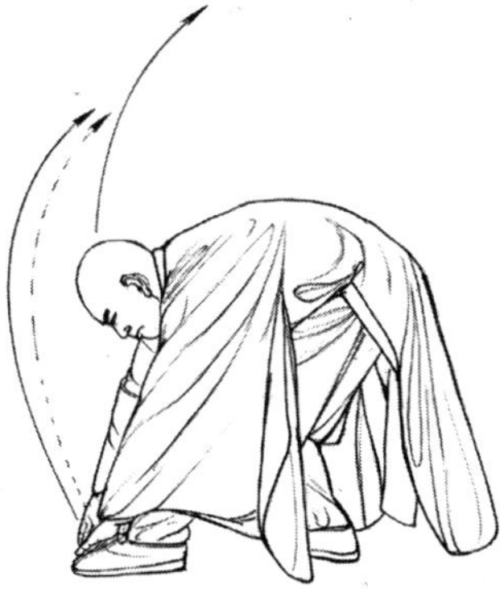

图4–142

图4–143

3. 右转身，左腿蹬伸，成右弓步；同时，两拳变掌，随转身向前劈出，高与鼻平，掌心相对，指尖斜向上。（图4–144）

图4–144

【要点】

1. 头随身后仰，下颌内收。

2. 俯身捞月与起身转体劈掌要连贯顺达，动作协调一致，发力点突出。

七十六、夜叉探海

【练法】

1. 身体重心移于右腿，随之左腿屈膝提起；两掌向上架臂额前，指尖相对，掌心向前，掌棱向上。（图4–145）

2. 左脚向前落步，右腿蹬伸，成左弓步；同时，双掌交叉下插至左膝前，成双插掌。（图4–146）

图4–145

图4–146

【要点】

提膝独立要稳固，落步倾身要顺畅，双插发力要沉实。

七十七、倒撞金钟

【练法】

1. 右脚跟离地，右膝下跪，成左跪步；同时，左掌向左后反撩，高与腰平，掌心向上，指尖向后；右掌向前劈出，高与肩平，指尖斜向前上。（图4-147）

2. 右脚向前方进一步，左腿蹬伸，成右弓步；同时，左拳内裹前穿，高与鼻平，拳面向上，拳心向里；右掌立起上托，右掌心托住左腕背。（图4-148）

图4-147

图4-148

3. 上体左转，右腿蹬伸，成左弓步；同时，左臂屈肘向左撞出，高与肩平；右手扶按左拳面向左助力。（图4-149）

图4-149

图4-149附图

【要点】

劈掌、撞拳，连贯流畅；回身撞肘，势发突然。动作协调一致，一气呵成。

七十八、仙人指路

【练法】

1. 身体重心移于右腿，左脚收步于右脚内侧，并步正身直立；同时，右掌变拳向右侧方击出，略低于肩，拳眼向上；左拳抱于左肋侧，拳心向上，上体略右倾。（图4–150）

图4–150

图4–150附图

2. 右拳屈臂向上划弧收至左耳后侧，拳眼向下；左拳不变。（图4–151）

3. 上体右旋，重心移于左腿；右腿屈膝提起，成左独立步；同时，右拳变掌向前反掌拍下，高与肩平，掌心向上，指尖向前；左拳变掌上护于右后臂内侧，指尖向上。（图4–152）

图4-151

图4-151附图

图4-152

【要点】

翻拳前劈与左收拳要连贯自然，转身提膝要平稳。反掌前劈，兼有前戳之劲。

七十九、进步栽拳

【练法】

1. 右脚落步，上体右转；左脚向前上步，屈膝半蹲，成马步；同时，右掌屈臂上架额前，指尖向左，掌棱向上；左掌变拳向左冲出，高与肩平，拳心向下。（图4–153）

2. 右脚内收一步，身体重心落于右腿；左腿轻轻提起，向右腿靠拢，缓缓落地，并步正身直立；同时，右拳向右、向下划弧，捧于胸前；左臂屈肘，左掌心贴按右拳面，含颌低头。（图4–154）

图4–153

图4–154

3. 两腿屈膝，并步半蹲。（图4–155）

4. 身体重心移于左腿，提右腿向右方迈出，成右弓步；同时，右拳向右前下方栽击，高与裆平，拳眼向上；左拳斜伸于左侧后下方，拳心向下，上体前倾。（图4–156）

图4–155

图4–156

5. 左腿提起，向前迈出，右腿蹬伸，成左弓步；同时，上体前倾，左拳向前下栽击，高与裆平，拳眼向上；右拳护于左后臂内侧。（图4–157）

图4–157

【要点】

1. 并步蹲身要灵活顺畅，不可僵滞。

2. 进步、栽拳，两势连环，连贯顺畅。

八十、朝山拜佛

【练法】

1. 右腿提起向左脚内侧落地，与左腿开步半蹲；同时，右拳向前下插去。双拳交叉，左拳在下，右拳在上，拳心均向下，上体略前俯。（图4-158）

2. 两腿伸膝，立身并步；同时，交叉两拳随立身而起向前上举架，高与额平。（图4-159）

图4-158

图4-159

3. 两腿屈膝下蹲，重心移于右腿；左脚悬起脚跟，脚尖点地于右脚内侧，成丁步；同时，两拳变掌合十，下收屈臂胸前，指尖高与鼻尖平。（图4–160）

图4–160

图4–160附图

【要点】

蹲身叉拳下击与起身向前上推架，为连贯之势，动作较快，力点突出。合掌蹲身，动作则徐缓柔和。

八十一、黄莺展翅

【练法】

1. 左脚跟落地，上体向左旋转，重心移于左腿；提起右腿向右蹬出，高与腹平，脚尖勾紧；同时，两手合掌随起身左转置于左腮侧，指尖向上。（图4–161）

2. 右脚向前落步，屈膝半蹲，成马步；同时，合掌下落，至小腹前时身略上起。随即，两掌分开上提，至胸前之际，向左右展臂分开，两肘略屈，腕同肩高，指尖向上，掌心向外。（图4–162）

图4–161

图4–162

【要点】

马步落掌、起掌之间要有一个起伏动作，有如黄莺起飞之展翅。

八十二、二起踢脚

【练法】

1. 上体右转约90°，右脚尖外摆前移，左腿蹬伸，成右弓步；同时，右掌前抓，屈指扣握成拳，拳眼向上，高与胸平；左掌斜伸于左侧下方，高与肋平，虎口向上，指尖斜向后下，上体略右前倾。（图4–163）

2. 右脚略收半步，左脚向上一步，重心移于右腿，成左虚步；同时，左掌向前平掌砍出，至与腹平之际，右拳背下砸于左掌心上。（图4–164）

图4–163

图4–164

3. 左腿向前踢起，脚尖上勾，高与腹平；同时，右拳变掌，伸臂迎拍左脚尖；左掌成勾手伸于身后，高与肋平，勾尖斜向后上。（图4-165）

图4-165

4. 左脚向前落地，右腿蹬伸，成左弓步；同时，右掌坐腕竖掌向前推出，高与肩平；左勾手变掌，伸臂按掌于左斜下方，高与肋平，掌心向下，指尖向前。（图4-166）

图4-166

5. 重心移于左腿，右腿向前踢起，勾紧脚尖，高与腹平；同时，左掌不变；右掌前按，迎拍右脚尖。（图4–167）

图4–167

6. 右脚向前落步，左腿蹬伸，成右弓步；同时，两掌向前推出，掌棱向前，指尖向上，掌心相对，腕与肩平。（图4–168）

图4–168

【要点】

重点突出两次起脚踢出的动作，中间的过渡动作则相应要快。

八十三、回身大捋

【练法】

1. 右弓步不变。两掌旋腕转指，右掌向前反背下捋，高与眼平，掌心向上，指尖斜向前上；左掌护于右前臂内侧。（图4–169）

2. 上体左转，右弓步变成横裆步；同时，两掌经头顶向左划弧下捋，左掌斜伸于左侧后下方，高与肋平，虎口向上，指尖向左；右掌护于左腋前下，掌心向下，指尖向左。（图4–170）

图4–169

图4–170

【要点】

两掌捋劲要相互配合，主次分明。回身捋手要有起伏柔化之势，眼随手走。

八十四、黄莺啄蝉

【练法】

1. 上体右转，右弓步不变。左掌向右经胸前划弧至右前方，猛然抓握成拳，高与眼平，拳眼向上，左臂伸直；右掌背护于左肘尖下侧方，指尖向上，掌心向外。目视左拳。（图4–171）

2. 动作不停，左拳伸开五指，旋腕撮指成勾，高与眼平，勾尖向下；右掌平腕，护于左后臂下侧，掌心向下，指尖向外。目视左勾手。（图4–172）

图4–171

图4–172

3. 左脚向前方上进一大步，右腿蹬伸，成左弓步；同时，左勾手向前伸指，再撮指成勾向前啄点，高与眼平，勾尖向下；右掌护于左前臂下侧，指尖斜向前上，掌心向外。目视左勾手。（图4-173）

图4-173

【要点】

1. 勾手的变化完全在于掌腕小巧的动作，不能过度移动手臂。

2. 随着身法的变换而连出两次勾手，灵活自然，力点突出。

八十五、白蛇吐信

【练法】

1. 左弓步不变。左勾手向左下后侧方甩出，置于腰后侧方，勾尖向上；同时，头部右转，右掌立护于左胸前方，指尖向上，掌心斜向左前。（图4–174）

2. 动作不停，右转体约180°，左脚向前方上进一大步，右腿蹬伸，成左弓步；同时，右掌随转身向前方插出，高与眼平，右臂伸直，掌心向下；左勾手斜伸于左后下侧方，勾尖向上。目视右掌。（图4–175）

图4–174

图4–175

【要点】

1. 左勾手甩出要有力，腕肘要放松，有如一条软鞭。

2. 转身插掌要快。

八十六、雄鸡独立

【练法】

1. 右脚上步于左脚内侧；左腿屈膝提起，膝盖略低于裆，成右独立步；同时，左勾手变拳向前抄于左膝前侧，拳心向上；右掌下按护于左腕内上侧，掌心向下，指尖向前，上体略前俯。目视左拳。（图4–176）

图4–176

图4–176附图

2. 右腿独立不变，上体略右旋，左膝上升与腹平，左脚收向右膝内侧，作护裆之势；同时，左拳变掌向前上穿，高与喉平，肘部屈垂，掌心向上，指尖斜向前上；右掌护于左肘内侧，掌心向下。目视左掌。（图4–177）

图4–177

【要点】

1. 支撑腿要稳，不能摇晃。第一次提膝不可过高，为第二次提膝留下余地。

2. 左手两次出击，连贯协调，一气呵成。

八十七、金鸡伸腿

【练法】

1. 左脚向前落步，两腿伸立，成丁八步；同时，上体略左旋，右掌收至肋侧，掌心向上，指尖向左；左掌向前穿出，高与肩平，掌心向上，指尖向前。目视左掌。（图4–178）

图4–178

2. 重心移于左腿，右腿屈膝向前提顶，膝与腹平，脚面绷直，脚尖斜向前下，成左独立步；同时，两掌向左右展臂，肘部略屈，腕高平肩，坐腕竖掌，掌心向外。目视前方。（图4–179）

图4-179

图4-179附图

3. 动作不停，右腿伸膝向前蹬出，脚尖勾紧，力达脚跟，高与腹平。（图4-180）

图4-180

【要点】

提膝、蹬腿为连贯之势，提膝为蹬腿蓄势。整势连贯协调，稳定有力。

八十八、箭步连弹

【练法】

1. 右腿向身后收落踏地，左脚旋即向前一步，右腿蹬伸，成左弓步；同时，两掌由左右向前方合拢拍击，掌心相合，指尖斜向前上，腕高平肩。目视双掌。（图4–181）

2. 动作不停，左弓步不变，挺胸昂头之际，两掌向下、向体侧后甩出，至臀部后侧撮指成勾手，勾尖向上。目视前方。（图4–182）

图4–181

图4–182

3. 重心移于左腿，右腿提起向前弹出，高与腹平，脚面绷直。两勾手不变。（图4–183）

4. 右脚向前落步踏实，重心前移；左脚随之向前弹踢而出，高

与小腹平，脚面绷直，力达脚尖；同时，左勾手不变；右勾手变拳向前伸出，高与鼻平，拳眼向上。（图4–184）

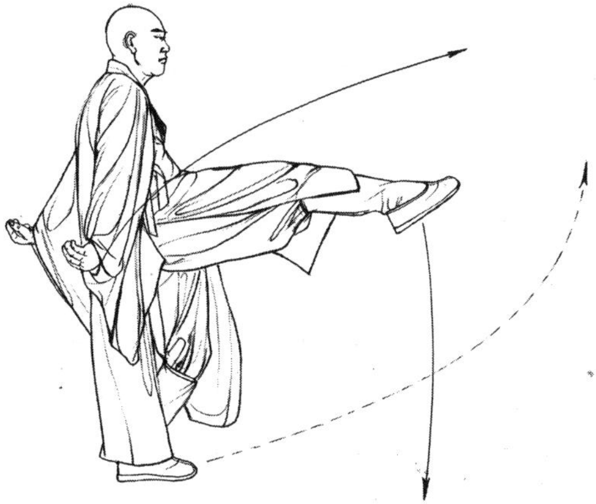

图4–183

图4–184

图4–184附图

【要点】

箭弹要猛，落步要稳，起步要快。

八十九、探珠摘桂

【练法】

1. 左脚向前落步，右脚前移半步，屈膝下蹲，成左虚步；同时，上体前俯，两手变掌，扑盖于左脚面上，指尖相对。目视双掌。（图4–185）

2. 重心移于左腿之际，右脚前移步于左脚内侧，随即伸膝立身，左腿屈膝提起，成右独立步；同时，上体略前倾，右掌向前插出，高与肩平，掌心向下；左掌右收，护于右后臂下侧方，掌心向外，指尖向上。目视右掌。（图4–186）

图4–185

图4–186

3. 独立步不变，左脚后收，屈膝收于臀部后侧，上体略右旋左探；同时，左掌向前穿出，高与肩平，左肘略屈，掌心向上，指尖向前；右掌收护于左前臂内侧，掌心向上，指尖向里。（图4–187）

4. 左脚落步，右脚迅疾向前上进一步，左腿蹬伸，成右弓步；同时，上体前倾，右掌向前劈插，高与肩平，虎口向上，指尖斜向前上；左掌前按，护于右前臂下侧方，指尖斜向前上，掌棱向下。（图4–188）

图4–187

图4–188

【要点】

1. 提膝独立前探掌，两势连环而出，中间不能间断。

2. 落脚上步探身要动作轻快，灵活自然。

九十、孤雁盘翅

【练法】

1. 上体左转，重心移于左腿，右腿蹬伸，成左横裆步；同时，左臂屈肘斜向左上提起，肘尖高与顶平，左掌置于左肩前，掌心向下；右掌向左、向下经胸前向右下侧方划弧反撩，高与臀平，掌心向后，指尖向下；扭头。（图4–189）

2. 左转体，右脚向前方上一步，脚尖点于左脚前约一脚之距，左腿屈膝，成右丁虚步；同时，右掌随转身划弧至右膝前侧，掌心向下；左掌下按至右掌背上方，环臂高约与胸平。（图4–190）

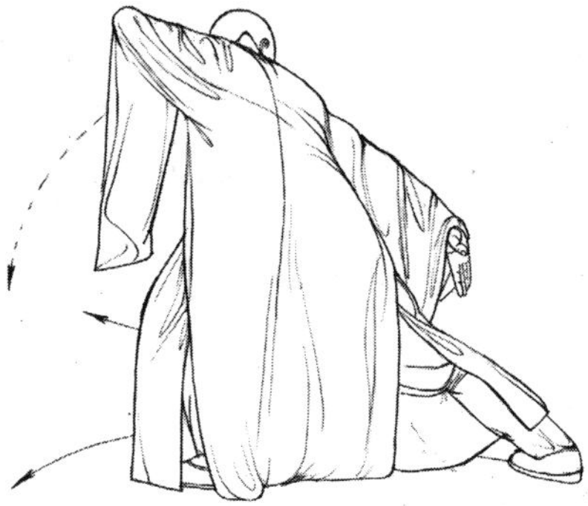

图4–189

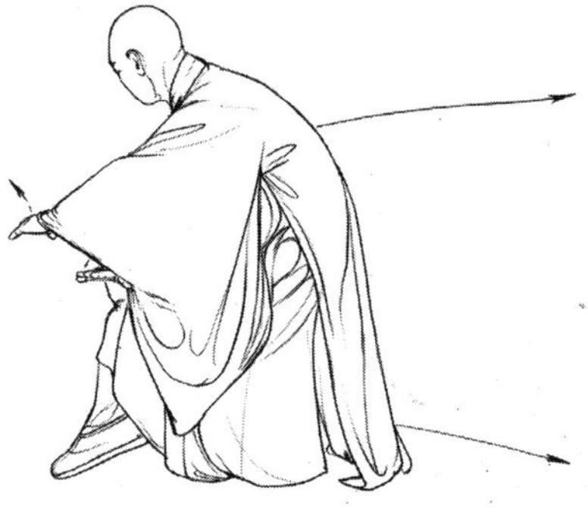

图4–190

【要点】

反撩掌时，右掌与左掌要有开弓之劲意。转身上步缩身为蓄势。动作要灵活协调，变换连贯。

九十一、回风泼水

【练法】

1. 右转体约180°，右脚随转身向前跨上一大步，左腿蹬伸，成右弓步；同时，右掌向前劈出，腕高平肩，指尖向上，掌棱向前，肘部略屈；左掌斜伸于左侧方，略低于肩，掌心向后，指尖斜向后上方，上体略向右倾。（图4–191）

2. 重心移于左腿，右脚内收半步，伸膝直腿，成右高虚步；同时，左掌变拳向前崩出，高与胸平，拳眼向上；右掌变拳收护于左肘内侧，拳眼向上。（图4–192）

图4–191

图4–192

3. 左腿伸膝立身，上体左转约90°；左臂屈肘向后顶出，高与肩平，左拳置于左肩前，拳心向下；右手半握拳，右拳面抵住左拳面，向左助力。（图4-193）

图4-193

图4-193附图

【要点】

回身劈掌与崩拳要连贯协调，回身顶肘要发震抖劲。

九十二、古树盘根

【练法】

1. 右脚向左脚外侧盖步，两腿交叉下蹲，成歇步；同时，左臂屈肘收拳于腋下，拳心向上；右掌向右击出，高与肩平，拳眼向上。（图4–194）

图4–194

图4–194附图

2. 左转体约270°，两腿屈膝半蹲，成马步；同时，右拳变掌左移，护于左肘下，掌心向上；左前臂直立，竖掌立于右腮前侧，掌心向右，头左转。（图4–195）

【要点】

1. 歇步蹲身要灵活平稳，沉身与右拳出击同时进行。

2. 从歇步转成马步要顺畅自然，协调一致。

图4–195

九十三、通臂挑手

【练法】

1. 身体起立，右腿向前跟半步震脚；左腿向左迈出，成左弓步；同时，左掌向左前方推出，腕高平肩，指尖向上，掌棱向前；右掌架臂额前，掌棱向上，指尖向左。（图4–196）

2. 左脚前移一小步，上体向前探；同时，右掌下按至左腕内侧之际，两掌发力向前推劲；左掌高与额平，指尖向上，掌棱向前；右掌护于左腕内侧。（图4–197）

图4–196

图4–197

3. 右脚上步于左脚内侧，并步立身；同时，两掌随起身向前上挑，掌心相对，指尖斜向上，高与额平。（图4-198）

图4-198

4. 两腿屈膝，臀部下坐，并步屈蹲；同时，两掌屈肘下收，左掌高与鼻平，右掌护于左腕内侧。（图4-199）

图4-199

5. 两腿蹬力，伸膝立身，脚跟提起；同时，两掌向前上挑出，高与额平，虎口向上，指尖斜向前上，左掌在前，右掌在后护于左腕内侧。（图4-200）

图4-200

【要点】

连续挑掌，使用通臂之劲，蓄势发力，吞吐有序。

九十四、打开天门

【练法】

1. 身体右转，右脚向右侧方跨上一大步，左腿蹬伸，成右弓步；同时，两掌随转身，经头顶向右划弧劈出，右掌高与额平，指尖斜向前上方，掌棱向前；左掌下劈置于右前臂内下侧，指尖向前，虎口向上，上体前倾。（图4-201）

2. 上体左转，右脚内收半步，两腿屈膝半蹲，成马步；同时，两掌分开向左右划弧上举至头顶前上方，两臂成环形，两指尖相对，相距约与肩同宽，掌心向下。（图4-202）

图4-201

图4-202

3. 两掌下落胸前交叉；身体右转，成左弓步。随即，双掌前后劈出，右掌腕高平肩，指尖斜向前上；左掌斜伸于左侧，高与肋平，虎口向上，上体右倾。（图4-203）

图4-203

【要点】

劈掌要发震抖劲，不能使用甩劈长劲。动作之间的衔接转换要协调灵活，不可僵滞。

九十五、观山望水

【练法】

1. 左脚收于右脚内侧，随即左转体约180°，右脚向前方上一大步，左腿蹬伸，成右弓步；同时，右掌向前劈出，腕高平肩，掌棱向前，指尖斜向前上；左掌下收按于左肋侧，指尖向右斜前方。（图4–204）

图4–204

图4–204附图

2. 身体重心移向右腿，左腿屈膝向前上提起，成右独立步；同时，右掌向前平举，掌心向下，指尖向前；左掌护于右前臂下方，掌心向下，指尖向右。（图4–205）

图4–205

【要点】

1. 转身劈掌时，步法变化要灵活，手眼身步配合协调一致。
2. 提膝独立时，重心要稳。

九十六、罗汉观阵

【练法】

1. 左脚向左前方落步，重心移于右腿，左腿伸膝，成右横裆步；同时，两掌向左右划弧分臂展开，右掌略高于肩；左掌略低于肩，指尖向上。（图4–206）

2. 右脚向前方上进一步，上体左转，重心移于右腿，成右半马步；同时，左掌握拳，屈肘收向左侧；右掌变拳向右前侧击出，略低于肩，拳眼向上。（图4–207）

图4–206

图4–207

【要点】

上步转身变势要自然灵活，动作柔缓有节奏感。

九十七、独立打虎

【练法】

身体左转，提右腿，成左独立步；同时，右拳上举过头，拳心向前；左拳下垂于右膝内侧，拳心向下。（图4–208）

图4–208

【要点】

独立分拳要稳，怒目瞪视而有威严。

九十八、坐盘插拳

【练法】

1. 右脚向后划弧经左腿后方绕向左外侧落步，双腿交叉，屈膝下蹲成歇步；同时，右拳变掌经胸前向左下方插出，略低于臀，掌心向上；左拳变掌经胸前上移，护于右肩前上侧。（图4-209）

图4-209

图4-209附图

2. 歇步不变。右掌变拳收向右上，屈肘竖臂于右肩前侧，拳心向里；左掌变拳向左下屈臂横格，拳面向下，拳心向后，高与臀平。（图4–210）

图4–210

图4–210附图

3. 歇步不变。上体右转，右拳变掌向前上穿出，过头顶，掌心向上，指尖斜向前上；左拳变掌向左后下插，掌心向后，高与臀平。（图4–211）

图4–211

4. 动作不停，左掌收向右胸前成拳，拳心向下；右掌下按于左拳面上。随即，左臂屈肘向左顶出。（图4–212）

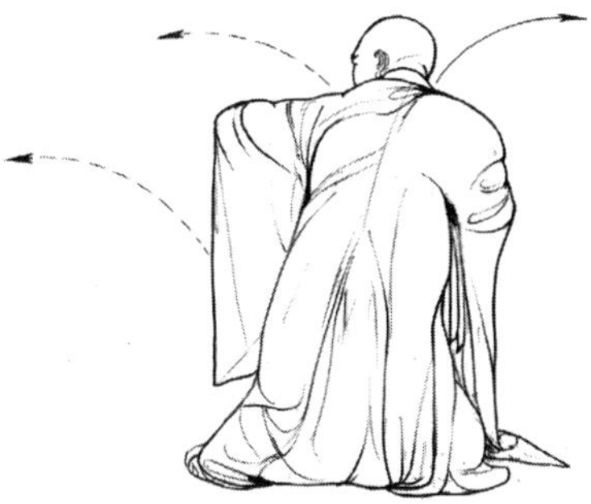

图4–212

图4–212附图

【要点】

手法变化要连绵不断，力点突出，动作协调一致。

九十九、分腿劈掌

【练法】

1. 两腿伸膝立身，重心移于右腿，身体左转；左腿提起向前蹬出，高与腹平，脚尖上勾；同时，两掌前后分开，屈肘竖臂，腕高平肩。（图4–213）

2. 左脚向前落步，右腿蹬伸，成左弓步；同时，两掌向下分劈，左掌腕高平肩，掌尖向上，掌棱向前；右掌略低于肩，指尖向上，掌心向右。（图4–214）

图4–213

图4–214

【要点】

蹬腿时，支撑腿要稳，两掌分展是为身体更稳定。劈掌要借落步前弓之势。

一〇〇、下势撩掌

【练法】

1. 重心移于右腿，屈膝下蹲，左腿伸膝，成左仆步；同时，右掌向胸前下划弧，提肘收于右后侧方，高与肋平，掌心向后，指尖斜向前下方；左掌经胸前下划弧，沿左大腿向膝前切掌，掌棱向前，指尖斜向右前。（图4–215）

2. 重心左移起身，右脚向前方上进一步，左腿蹬伸，成右弓步；同时，右掌随上步向前撩至右膝前侧，指尖向下，掌心向前；左掌向前上划弧架臂于额前上方，掌棱向上，指尖向右。（图4–216）

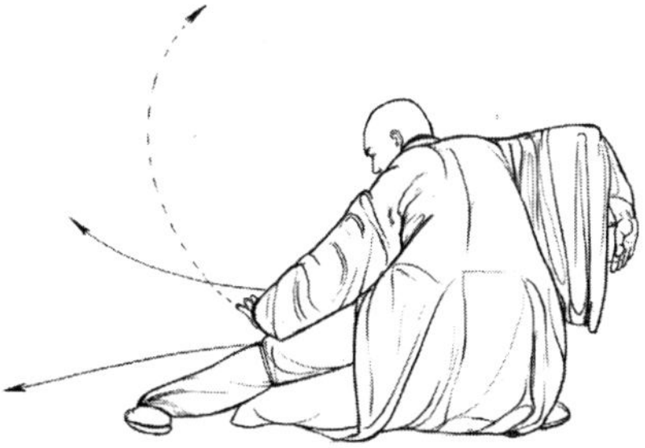

图4–215

图4–216

【要点】

仆步下势要沉得下去，方能为起身撩掌蓄势。

一〇一、手捧金莲

【练法】

1. 身体重心移向左腿，向左转，两腿屈膝半蹲，成马步；同时，两掌徐徐下移小腹前，成下搭手，左掌心按在右掌背上。（图4-217）

2. 右脚略收，两腿伸膝，直立开步；同时，两掌向左右分开上提，一字平肩，掌心向下，指尖向外。（图4-218）

图4-217

图4-218

3. 两掌缓缓内收，至下颌前掌根相靠，指尖外展，两掌托腮部。（图4-219）

图4-219

【要点】

动作徐缓，身体放松。

一〇二、叶落归根

【练法】

1. 两掌收于颌下，右掌握拳，左掌心按于右拳面上。继向右斜前方缓缓推出，两臂成半弧，手高与颌平。（图4-220）

2. 然后，向左转身，抱拳向左侧方移动。（图4-221）

图4-220

图4-221

3. 接着，右拳、左掌下收腹前，目随手走。（图4-222）

4. 右拳变掌，与左掌指尖相对，按于腹前；同时，上体转正，面向正前方。（图4-223）

5. 放下两掌，垂放体侧。（图4-224）

6. 左脚收拢，两脚并步，正身直立，调匀呼吸。全套收势。（图4–225）

图4–222

图4–223

图4–224

图4–225

【要点】

身体放松，气归丹田。